U0518338

X

丛书编委会

大家精要
典藏版丛书

简一读

管子

池万兴　著

陕西师范大学出版总社　西安

图书代号　SK24N1846

图书在版编目(CIP)数据

简读管子／池万兴著 . — 西安：陕西师范大学出版
总社有限公司，2024.11
　　（大家精要：典藏版／郭齐勇，周晓亮主编）
　　ISBN 978-7-5695-4134-2

　　Ⅰ.①简… Ⅱ.①池… Ⅲ.①管仲（？ – 前 645）—人
物研究　Ⅳ.① B226.15

中国国家版本馆 CIP 数据核字（2024）第 025942 号

简读管子

JIAN DU GUAN ZI

池万兴　著

出 版 人	刘东风
策划编辑	刘　定　陈柳冬雪
责任编辑	王西莹
责任校对	陈柳冬雪
封面设计	龚心宇　张潇伊
出版发行	陕西师范大学出版总社
	（西安市长安南路 199 号　邮编 710062）
网　　址	http://www.snupg.com
印　　刷	深圳市福圣印刷有限公司
开　　本	889 mm×1194 mm　1/32
印　　张	6.25
插　　页	4
字　　数	113 千
版　　次	2024 年 11 月第 1 版
印　　次	2024 年 11 月第 1 次印刷
书　　号	ISBN 978-7-5695-4134-2
定　　价	49.00 元

读者购书、书店添货或发现印装质量问题，请与本公司营销部联系、调换。
电话：（029）8530786485303629 传真：（029）85303879

目 录

代序　桓、管君臣之间的磨合 /001

第 1 章　礼乐征伐出诸侯 /010

太公建国 /011

礼崩乐坏 /013

齐僖公小霸中原 /016

荒淫无耻的齐襄公 /022

第 2 章　管仲之谋（上）/027

管仲家世与早年经历 /028

争国射钩 /032

从囚徒到相国 /035

庙堂陈谋 /039

心急吃不了热豆腐 /042

朝王定宋 /046

灭遂盟鲁 /049

征服宋国 /053

第 3 章　管仲之谋（下）/055

称霸诸侯 /055

北伐山戎 /058

存邢救卫 /062

与楚相争 /064

葵丘会盟 /069

病榻论相 /073

身死国乱 /076

管仲与《管子》/079

第 4 章　法天象地 /084

尊天事神 /085

无私无亲的天 /088

天道自然 /091

道为万物之源 /094

天地之大理 /098

第 5 章　政之所兴在顺民心 /102

　　复修太公之法 /103

　　三国五鄙 /106

　　政之所兴在顺民心 /109

　　强国与尊君 /112

　　整肃吏治 /115

　　举贤授能 /118

第 6 章　仓廪实知礼节　衣食足知荣辱 /123

　　农业是财富之源 /124

　　相地而衰征 /127

　　"富上而足下"的分配制度 /129

　　予之为取，政之宝也 /133

　　以商战臣服他国 /138

　　国家的宏观经济调控职能 /141

　　俭奢并存的消费理念 /145

第 7 章　遍知天下而无敌 /149

　　兵者，尊主安国之经也 /150

国富者兵强，兵强者战胜 /152

治军有术 /155

遍知天下而无敌 /159

出奇制胜 /162

第8章 法立令行 /165

法者至道，治国根本 /165

礼法兼重，德法并举 /169

置法出令，令尊于君 /173

以法制断，执法必严 /176

第9章 先秦诸子对管仲的评价 /182

附录 /188

年谱 /188

参考书目 /190

代　序

桓、管君臣之间的磨合

　　历史上有明君方有贤相，有昏君就会有忠臣。齐桓公是中国历史上著名的一代明君，管仲也就成为历史上贤相的典型代表。两千多年来，人们津津乐道桓、管之间的君臣遇合，认为管仲之所以能够建功立业，实现其大济苍生的壮志，关键就在于齐桓公知人善任。没有齐桓公的重用，就不会有管仲的青史留名。实际上，这样看问题，过于表面化、肤浅化、简单化了。桓公知人善任只是一个方面，另一更为重要的方面是管仲确实具有过人的才华与胆识，更具有坚忍不拔、积极有为的进取精神和为大义而不拘小节的优秀品质。历史告诉我们，任何事情与任何人的成功都必须具备客观条件与主观努力。管仲的成功，齐桓公的作用自然不应忽视，但这只是客观条件。这一客观条件对于齐桓公当时的众多大臣们都是同样的，可是只有管仲成功了，建立了不朽的功业。可见，管仲的成功更主要的是由于他自身的主观条件与主观努力。这里我们无意探讨管仲成功的主观原因，而是想重新探求桓、管之间君臣艰难的磨合过程。不难看出，君臣之间风云际会并不是一帆风顺的，从中我们自然会受到不少启迪。这正是我们探讨这一问题的目的之所在。

齐桓公和管仲之间的君臣磨合经历了一段较长的时间。起初，在治国方略上二人之间存在着严重的政治分歧。随着君臣之间的相互了解，彼此适应，才逐渐地达到政见相同、配合默契、言听计从的君臣风云际会最为理想的遇合境界。大致而言，管仲相齐，桓、管君臣建立霸业的历程可以分为三个阶段：

第一阶段，桓公即位后的前四年（前685—前682）。这四年桓公与管仲之间政见不同，齐桓公急功近利，急于对外用兵，为争霸受挫时期。管仲初涉政坛，面对齐国大乱后的动荡局面，主张先修内政，富国强兵，亲邻国，然后团结诸侯择乱而征。对此，《管子·大匡》有比较详细的记述：齐桓公初年，即欲"小修兵革"，管仲以为不可，力谏道："百姓病，公先与百姓而藏其兵。与其厚于兵，不如厚于人。齐国之社稷未定，公未始于人而始于兵，外不亲于诸侯，内不亲于民。"桓公应允，但"政未能行也"。"二年，桓公弥乱，又告管仲曰：'欲缮兵。'管仲又曰：'不可。'公不听，果为兵。""明年，公怒告管仲曰：'欲伐宋。'管仲曰：'不可。臣闻内政不修，外举事不济。'公不听，果伐宋。诸侯兴兵而救宋，大败齐师。公怒，归告管仲曰：'请修兵革。吾士不练，吾兵不实，诸侯故敢救吾仇。内修兵革。'管仲曰：'不可。齐国危矣。内夺民用，士劝于勇，乱之本也。外犯诸侯，民多怨也。为义之士不入齐国，安得无危？'鲍叔曰：'公必用夷吾之言。'公不听，乃令四封之内修兵。"桓公为加强军备，增加税收，招揽勇士，按勇武程度授予官禄，结果在朝廷中为争夺禄位而互相残杀的事不断发生。由此可见，这一阶段管仲并未发挥重要作用，齐国朝政依然比较混乱，君臣之间尚未达到配合默契的程度。

第二阶段，桓公五年到七年（前681—前679），治理整顿朝野，稳定国内局势，准备争霸时期。桓公虽然急欲有所作为，但无数次的失败与碰壁教育了他，使他逐渐地冷静下来。尤其是在曹刿结盟中，桓公不但受到羞辱，而且差点送了性命，这才"归而修于政，不修于兵革"（《大匡》），也从此对管仲"不听"建议到逐渐重用。君臣之间才逐渐彼此信任，相互支持，共谋大业。对此，《大匡》中有一段记述：桓公"五年，宋伐杞，桓公谓管仲与鲍叔曰"，但这段记述中，纪年较乱。先言"五年，宋伐杞"，又说"明年，狄人伐邢"；接着又说"明年，狄人伐卫"，"明年，桓公问管仲"。如果这里记述不错的话，那么，"狄人伐卫"应在桓公七年。

此外，由这段记述也可以看出，桓公七年（前679）之前管仲并未专政，而是管仲、鲍叔还有隰朋、宾胥无共同辅政。但明显的是，桓公对管仲逐步信任有加。大致也是在这一时期，齐桓公频繁地交会诸侯，齐国在诸侯间的地位明显提高，这为齐桓公的霸业奠定了一定的基础。与此同时，桓、管君臣之间的彼此了解也进一步加深，桓公由不听管仲之劝到逐渐地接受管仲的意见，态度进一步转变。管仲认为，为了能够顺利地治理国政，实施其富国强兵、争霸诸侯的一系列政治措施，必须首先树立自己在齐国的威望，进一步巩固自己在朝廷上的崇高地位，使自己在朝廷上享有除国君以外的至高无上的权力，以便令行禁止，所以他竟然公开地向齐桓公要名要利要地位。《韩非子·难一》记载："桓公解管仲之束缚而相之。管仲曰：'臣有宠矣，然而臣卑。'公曰：'使子立高、国之上。'管仲曰：'臣贵矣，然而臣贫。'公曰：'使之有三归之家。'管仲曰：'臣富矣，然而臣疏。'于是立以为仲父。"《说苑·尊贤》对此也有形象的记述："齐桓公使管仲治国，管仲对曰：'贱不能临贵。'桓公以为上卿而国不治。桓公曰：'何故?'管仲对曰：'贫不能使富。'桓公赐之齐国之市租一年而国不治。桓公曰：'何故?'对曰：'疏不能制亲。'桓公立以为仲父。齐国大安而遂霸天下。""高""国"，即高子、国子，是当时周天子所委任的负有监国之任的世袭上卿，每年春秋两次朝见周天子，回复王命。齐桓公使管仲居于高、国之上，由此可见他对管仲的信任程度以及其为相之尊。当然，管仲要贵是为了"临贵"，要富是为了"使富"，要名是为了"制亲"，正如霄略所说："管仲非贪，以便治也。"管仲有了可以"临贵""使富""制亲"的身份和地位之后，齐国基本上形成了君主制下的宰相统领百官制度。这是中国历史上宰相制度的开端，是一项具有十分重要意义的政治体制改革，对后世中国的政治制度产生了深远而巨大的影响。从此之后，管仲位高权重，上承君命，下通群臣，为百官之长。这为他建立万世的功业打下了坚实的基础。

这一阶段，管仲在内政方面进行了一系列卓有成效的改革。在政治上：主张加强君权，君主拥有生、杀、富、贵、贫、贱六柄。为了保证君权的有效实施与顺利执行，他建立了一套由中央和地方两级组成的完整的官僚政治体制。在这套体系中，中央设立二相五官，地方则行国、鄙二轨制。同时他又充分考虑到"民"在政治生活中的重要作用，制定了

"俗之所欲，因而予之；俗之所否，因而去之"的决策原则。从而使齐国由原来的宗法贵族政体过渡到比较开明的君主官僚政体。

在经济上：第一，实行"四民分业"，把全国人口按职业划分为士、农、工、商四民，让他们分别居住，对他们提出不同的职业要求并提供职业保障。第二，管仲将国家所控制的因战争和内乱而荒芜了的大片土地，按照井田的规划形式均分给农民，然后又实行"相地而衰征"的税收政策，即根据土质的好坏来确定纳税的等级。并将陆、阜、陵、瑾、井、田、畴等各种土地，较为公平地分给农业人口耕种。这种土地和赋税制度的改革，使农民对土地的占有与对国家的负担挂起钩来，相对要合理一些，从而激发了农民的劳动热情与生产积极性。土地得到进一步的开发与利用，从而使齐国的农业生产得到进一步的恢复和巨大的发展。第三，提倡"毋夺民时"，政府不在农忙时节征发劳役，以保障农业生产适时进行。禁止乱砍滥伐，保护自然资源。第四，提倡"养桑麻，育六畜"，"通货积财"，积极发展工商业的政策，鼓励跨国经商，对外来客商实行"关市几而不征"的政策。其结果不但达到了民富国强，消除了民众的不满情绪，加强了社会的稳定性，而且牢固地奠定了称霸诸侯的经济基础。第五，实行"官山海"的盐铁专卖，扩大政府财政收入。第六，铸造钱币，适当调整物价。

在军事上：管仲创立了"作内政而寄君令"的军政合一、兵民合一的体制，并采取了以兵器械具赎罪的措施，从而使齐国的军源与军赋得到了最大的保障。每年的春秋两季实施军训，提高了军队的战斗力。对此，《国语·齐语》说："春以蒐振旅，秋以狝治兵，是故，卒伍整于里，军旅整于旅。"这样，齐国便拥有三支劲旅，并凭借这三支战斗力很强的劲旅，南征北讨，所向披靡。

在外交上：管仲从实际出发，制定了亲邻国、征淫乱的外交策略，并以"尊王攘夷"为旗帜，号令天下，这样便借周天子的名义提高了齐桓公的威望。同时，又联合中原各诸侯国，击败了北方少数民族，保卫了中原地区的安全。对此，《国语·齐语》中说："（管子曰）审吾疆场，而反其侵地；正其封疆，无受其资；而重为之皮币，以骤聘眺于诸侯，以安四邻，则四邻之国亲我矣。"然后以四邻之国作为基地向四周辐射，择淫乱者而征之，以达到称霸诸侯的目的。

在人才选拔上：实行尊贤尚功政策和"三选"制度，各级官员必须定期向上举荐人才，国君亲自对人才进行面试，对被选用者定期进行业绩考核，选优汰劣，决定任免升降。这样，大批贤士得到重用，为齐国的发展奠定了坚实的人才基础。

第三阶段，桓公七年（前679）之后，为齐桓公与管仲齐心协力，四面出击，主盟定霸，称霸诸侯时期。《管子·小匡》说，齐桓公"三岁治定，四岁教成，五岁出兵"，经过数年的励精图治，齐国国富民强，国力大振，并于桓公五年起开始盟会诸侯。北杏之会虽然未得到周王室的认可，诸侯并未真心亲附，但是，北杏之会以后，随着齐国灭遂、收鲁、服宋，以及郑、卫等国的入盟，齐桓公的盟主地位便得到了周王室的支持与认可，齐国的霸主地位逐步确立。桓公七年，齐国与宋、陈、卫、郑等诸侯又一次会盟于鄄，桓公独自主持盟会，从而确立了齐桓公的霸主地位。《左传》称此次盟会为"齐始伯也"。《史记》也将这次盟会看作齐桓公称霸的开始。齐桓公八年（前678），齐国、宋国、卫国共同讨伐郑国，郑服。桓公八年冬，齐桓公、鲁庄公、陈宣公、卫惠公、郑厉公以及许、滑、滕等国的君主，共同会盟于宋国的幽地。这次参加盟会的诸侯众多，人心也最齐，从而显示了齐桓公霸主地位的日益巩固。

从桓公七年到四十三年（前643）齐桓公去世后的三十余年间，尽管楚国不断企图向北扩张势力，但一直被齐国遏制，齐国在中原一带的霸主地位十分巩固。在此期间，齐桓公九次用兵于戎狄，从而建立了所谓"攘狄"的赫赫功业；扼制了楚国向北扩张的企图；团结诸侯，共同尊周，匡扶王室；代天子讨伐不顺；平定王室内部的叛乱；为周王室解除边患；率领诸侯共同维护宗法秩序；稳定诸侯各国的统治，从而完成了尊王攘夷、九合诸侯、一匡天下的大业。司马迁在《史记·齐世家》中引述齐桓公的话说："寡人南伐至召陵，望熊山；北伐山戎、离枝、孤竹；西伐大夏，涉流沙；束马悬车登太行，至卑耳山而还。诸侯莫违寡人。寡人兵车之会三，乘车之会六，九合诸侯，一匡天下。"又在《史记·管晏列传》中说："管仲既用，任政于齐，齐桓公以霸，九合诸侯，一匡天下，管仲之谋也。"可以说，没有管仲，便没有齐桓公的霸业。

管仲的历史功绩是伟大的，而管仲之所以在历史上长久地产生重要影响，笔者认为主要是《管子》这部书起了不可忽视的作用。当然，管仲不等于《管子》，《管子》亦非管仲所著，但管仲因《管子》而产生深刻影响则是毋庸置疑的。

第 1 章

礼乐征伐出诸侯

　　春秋伊始，王室衰微，诸侯崛起，列国纷争，各国皆在中原展开角逐。中国从"礼乐征伐自天子出"的西周大一统演变为"礼乐征伐自诸侯出"的天下分裂。你想称王，他欲图霸，郑、齐、楚、鲁、卫、宋互相纷争。列国之间征战不休，战争连绵不断，致使流血漂橹，生灵涂炭。各国的政治家们都想在这乱世中一展雄图，成为诸侯中的领军人物，挟天子以令诸侯，发号施令，使天下受命于己。于是齐桓公、晋文公等春秋五霸相继登场，演出了一幕幕生动鲜活的历史剧。正是在这样一个时代的大背景下，齐桓公与他的重要谋臣——管仲闪亮登场了。

太 公 建 国

管仲是春秋时期齐国杰出的政治家，以他的名字命名的《管子》一书也是齐文化的代表作之一，要讲管仲与《管子》，还得从齐国建国说起。

周武王灭商以后，为了加强统治，巩固疆域辽阔的广大领土，实行了分封制。天下的臣民土地都属于周天子所有，天子按照远近亲疏的差别和开国时的功劳大小，把王畿（京都）以外的土地和人民分封给大大小小的同姓诸侯和有功的异姓诸侯。如周公和召公就分别被分封在鲁国与燕国，而异姓的开国功臣姜太公就被分封在齐国。

姜太公吕尚，又称太公望，字子牙。他的祖先曾经辅佐大禹治水立下了汗马功劳，在夏朝被封于吕地，因此姓吕。姜子牙出世时，家境已经败落了，所以他年轻的时候做过宰牛卖肉的屠夫，也开酒店卖过酒，聊补无米之炊。但姜子牙人穷志不短，无论宰牛，还是做生意，始终勤奋刻苦地学习天文地理、军事谋略，研究治国安邦之道，期望能有一天为国家施展才华。约在公元前1123年（帝辛三十一年），他八十岁时，遇见了西伯侯姬昌。姬昌认定他是当代难得的贤才，便礼聘他为专管军事的"师"；又因为吕尚是自己祖父生前日夜相望的人，便尊称他为"太公望"。姬昌死，儿子姬发继位为西伯侯，尊吕尚为"师尚父"。姬发立十一年，在吕尚的辅佐下，消灭了殷纣王，建立了西周王朝，即位为周武王。为了镇压东方的薄姑（今山东博兴）、奄（今山东曲阜旧城东）、莱（今山东高密、昌乐）、纪（今山东寿光）等夷国，开拓山东疆域，吕尚被分封在齐地营丘（今山东淄博市东北），成为齐国的开国君主。

营丘地处山东半岛中部，方圆不过百里，世居居民主要是夷人，土地贫瘠，农田荒芜，人烟稀少。太公刚到营丘，东夷族的莱人就起兵反抗，争夺营丘。太公依靠自己的文治武功很快平息了莱人的反抗。鉴于殷纣王讨伐东夷引起夷人反抗与不满，他在政治上采取了恩威并用、富国安民和发展生产的政策，以及简其礼、从其俗、举贤尚功的策略；经济上推行通工商之业、便渔盐之利的方针，因地制宜，逐步推行井田制，坚持轻徭薄赋，鼓励生产，使农业迅速得到恢复与发展；在加强农业的同时，又重视商业与手工业的发展，充分利用近海的便利条件，大力开发渔业与盐业，不仅稳定了齐国的政局，也振兴了齐国的经济。随着社会生活的安定与经济的繁荣，人民逐渐富裕起来，人口随之增加，齐国在列国中声威大震。周围的少数民族看到齐国政治清明，经济繁荣，物产丰富，便纷纷归附。到周成王时，姜太公还健在。成王少时发生了诸侯叛乱事件。成王依靠周公平定了叛乱，便让召康公授权太公，东至大海、西到黄河、南至穆陵（今山东临朐县南）、北至无棣（今山东无棣县北）的广大地区均由太公控制，并授予他征伐大权。从此，齐国在姜太公的治理下，成为泱泱大国，也逐渐成为诸侯中的强国。姜太公因年老在营丘去世，据说死时有一百多岁。后人有诗一首，赞太公曰："茹贫食苦一身轻，跋涉流离尽半生。帝佐王师侯伯主，禄山福海老人星。"

礼 崩 乐 坏

西周是一个所谓"礼乐征伐自天子出"的时代，周天子是天下的共主。到了春秋时期，随着王朝实力的衰落，周王室天下共主的权威与号召力日益衰弱，天子之尊在各诸侯面前已变得苍白无力，列国争霸的战争不断发生。于是一个"礼乐征伐自诸侯出"的时代拉开了序幕。

周王朝是一个宗法制的社会。天子实行的是嫡长子继承制，嫡长子之外的其他王室子弟或被封为诸侯，或在王畿内分得采邑。诸侯在自己的国内也实行同样的嫡长子继承制，而其他公室子弟则被分以采邑，建立卿大夫之家。这些卿大夫在自己的采邑中建立家庙和相应的政权机构，同样实行嫡长子继承制。宗法制同样构成了周代的等级制，等级的高低以与周王室的血缘关系的亲疏远近而定。周代的等级自周天子以下大致可以分为诸侯、卿、大夫、士和庶人等。

周代由宗法制确定的等级关系是靠"名分"来固定的。"名"指的是像天子、诸侯、卿大夫、士、庶人之类的称号。这种称号由宗法制来确定，一经确定之后就不能随意更改。"分"是指同这些称号相关联的权利与义务。这些权利与义务的实行是靠"礼"来维持的。据说，周朝的"礼"是周公制定的，所以历史上有所谓周公"制礼作乐"的说法。周公制礼作乐是周初政治上的一件大事，它不但确定了周礼的基本精神，也奠定了周礼的基本内容。由于周人对礼非常重视与推崇，认为礼具有"经国家，定社稷，序民人，利后嗣"的重要作用，因此周代社会生活的方方面面无一不受礼的约束与调节。

礼是神圣不可侵犯的。孔子曾说"天下有道，礼乐征伐自天子出"，也就是说，"礼乐征伐自天子出"是最大的礼。但是，自西周中期以来，随着王权的衰落，违背礼仪之事不断发生。早在周夷王时就有诸侯私自相伐之事发生，到周厉王时，王畿内的诸侯也公然互相兼并。只不过，西周的兼并并不像春秋时代那样频繁而突出罢了。

在西周宗法制的社会里，周人十分重视祭祀之礼，有所谓"国家大事，在祀在戎"之说。祭祀是宗子的权利与义务，祭祀之权象征着族权。而在族权与政权结合的周代，祭祀之权实际上代表了政治权利。由于周人用鼎盛物以祭祀祖先，久之，鼎便成为象征政权的国之重器。在日常生活中，用鼎的多少也就成了等级高低的标志。按照周代的礼仪规定，天子祭祀用九鼎，诸侯七鼎，卿大夫五鼎，士三鼎，死后也只能按照这个数随葬。但是到了西周末年与春秋初期，诸侯中祭祀僭越之事便频繁发生，有些诸侯王甚至以武力要挟周天子。如楚武王就曾以武力逼周桓王提高他的诸侯等级，在遭到拒绝后，楚武王就公开僭越，擅自称王。

在朝觐方面，按照周礼的规定，诸侯定时朝会天子是诸侯国起码的义务，但是早在西周夷王之时，就有诸侯不朝会天子的事情发生。到了春秋时代，大多数诸侯都不朝会天子了。相反，竟出现了天子聘问诸侯的事情。在鲁隐公执政的十一年中，周王曾经三次派人前往鲁国聘问。在鲁桓公四年到八年（前708—前704）的五年中，周王也曾三次派人聘问，而鲁国却一次都没派人前往洛阳朝会周天子。

按照周礼，诸侯国君死后继位的儿子在治丧结束后，必须到京都去朝见周天子。天子会赏赐他表示地位与权力的衣冠和圭璧等礼器，这称为"受命"，表示天子对新君继位合法性的认可。春秋之后，这一礼仪就遭到践踏，继位的新君很少有人亲自千里跋涉去京城朝见周天子了，只是派人到周天子那里去"请命"，后来竟然发展到连这种"请命"的形式也不要了。如鲁桓公弑其兄鲁隐公而自立为君，统治鲁国长达十八年之久，直到他死后，他的儿子鲁庄公才派人向周天子"请命"。

春秋时代像这样的违礼僭越行为比比皆是，因此孔子将春秋时代称为"礼崩乐坏"的时代。春秋时代列国之间的兼并战争连绵不断，周天子的威望与权力一落千丈，政出方伯，列国称雄，西周的礼乐制度已荡然无存。"礼崩乐坏"的结果直接导致了人们价值观念和道德观念的混乱。这在更深的心理层面上增加了不安定的因素，并直接引发了旧有秩序的彻底解体。

齐僖公小霸中原

周平王东迁之后，史称东周。东周又分为春秋（前770—前477）和战国（前476—前221）两个时期。春秋初期便出现了"礼崩乐坏"的局面。具体说来是从郑庄公开始的。

郑在诸侯中是受封比较晚的一个。周宣王时封其第五个儿子友于郑（今陕西华县东），友就是郑桓公。周幽王时郑桓公在王室任司徒，掌管民政。郑桓公是一个很有政治眼光的人。他乘王室大乱之时护卫周幽王逃奔骊山，但自己和幽王都被戎人追上后杀了，于是郑桓公的儿子郑武公继位。他为了给父亲报仇，率领大军与戎人拼杀，并和秦晋等国军队一起护卫王室东迁，这样郑国由于护卫王室有功，便成为周王室的卿士，逐渐掌握了王室的大权。郑武公利用王室的军队灭掉了桧、虢两个小国，建都新郑（**今河南新郑**）。郑武公去世后，他的儿子寤生继位，这就是郑庄公。郑庄公一生功业辉煌，他在位期间分别击败过周、虢、卫、蔡、陈联军及宋、陈、蔡、卫、鲁等国联军。御燕、侵陈，大胜之；伐许、克息、御北戎，攻必克，战必胜，可谓战绩显赫。同时，郑庄公又是一个有战略眼光、精权谋、善外交的政治家，其过人的政治才能，是他在春秋列国纷争中能小霸中原的重要原因。

在郑庄公小霸中原之时，齐国也很快成为中原诸侯中的大国。早在姜太公时，齐国作为西周初年最早分封的诸侯国，享有"五侯九伯，实得征之"的特权，加之姜太公采取了开明的治国方略，使齐国很快成为一个强国。

姜太公去世后，丁公吕伋、乙公得、癸公慈母、哀公不辰相继在位。但是，齐国从齐哀公起出现政局混乱的局面。哀公耽于田猎荒于政事，并与邻国纪国结仇。周夷王三年，纪侯向周天子进谗言，使齐哀公被召至京城后受烹而死。周王朝改立哀公之弟吕静为齐侯，就是齐胡公。齐公室内部矛盾重重，争权夺利非常激烈。为了巩固统治，齐胡公将都城由营丘迁至薄姑（今山东博兴东北）。后来哀公的同母弟怨恨胡公，于是率其党羽和营丘人攻杀了胡公，自立为君，他就是齐献公。齐献公继位后将胡公的儿子们全部赶走，又迁都到临淄。到齐献公的孙子齐厉公时，由于他暴虐无道，民怨沸腾，人民起而杀了他，他的儿子继位，他就是齐文公。齐文公总结了齐国混乱不断的教训，为消除隐患，将参与杀害齐厉公的七十余人全部诛杀，从而稳定了齐国的局势。文公两传至齐庄公，他是姜太公后的第十二位国君。齐庄公在位六十四年，在西周王朝风雨飘摇之时，齐国却相对稳定，国力日益增强。

齐庄公去世后，僖公继位。齐僖公采取灵活的外交政策，首先与郑国联合。齐国与郑国结盟自春秋初年始，前720年冬天，齐、郑在石门（今山东长清西南约三十五公里处）会盟。齐国之所以首先要和郑国结盟，是因为郑国是与周王室亲缘关系最近的国家。郑庄公为周平王的卿士，曾有挟天子以令诸侯、把持周王室大权之势，所以齐僖公采取联合郑国的政策，这对齐国非常有利，对齐国的发展极有好处。联盟之后两国互相支持，互相协助。齐国给郑国解除了极大的困境，郑庄公为了感谢齐僖公，于郑庄公二十九年（前 715）八月以周王朝卿士的身份引荐齐僖公朝见周天子。这在当时是非常重要的礼仪待遇，也正是齐僖公表达尊王主张的机遇，他尽量表现了尊王姿态。

齐僖公联合的第二个国家是鲁国。虽然齐强鲁弱，但鲁国与周王室的关系不同一般，它是周天子在东方的代表，齐国要打尊王的旗帜就要与鲁国搞好关系。所以，齐僖公十四年（前 717）齐、鲁两国在艾地（今山东沂源西南）会盟，结成友好同盟。第二年齐僖公又派他的弟弟夷仲年到鲁国访问，以巩固在艾地结成的同盟。前 709 年，鲁桓公聘齐僖公之女为夫人，在嬴地行纳币订婚礼。秋天成婚时，齐僖公不顾礼的规定，一直把姑娘送到鲁国的讙地才罢。到了冬天，齐僖公又迫不及待地派夷仲年到鲁国行聘问礼。这些行动清楚地表明了齐僖公为了称霸而主动巩固与鲁国的联盟。

已经与齐国结成同盟的郑国，与宋、卫、陈、蔡等国不和睦。齐僖公认为中原诸侯不团结只能分散力量，给戎狄的侵犯造成可乘之机，因此努力促使他们和好。他首先劝说郑庄公，让郑国表现出高姿态，不计前嫌，与宋、卫盟好；然后又说服宋、卫国君。当宋、卫两国都同意后，便于齐僖公十六年（前 715）七月，与宋、卫两国的国君在温地（今河南温县西南）会商；协调好之后，随即又在瓦屋（今河南温县北）结盟。从此结束了郑、宋、卫等国之间连续攻伐的局面。齐僖公主持了这次会盟，这次结盟使中原停止了战争，在诸侯国中引起了很大反响，齐国得到了列国的敬佩。齐国在这些结盟中，没有参与战争而消耗实力，国力反而继续壮大，表现出小霸中原的姿态。

齐国成为小霸就有义务维护盟国间的团结，调解诸侯间的纷争，只有这样，才能巩固自己的盟主地位。齐僖公十七年，郑国以宋国不朝拜周天子为借口，利用自己是周天子左卿士的身份，借周天子之命告诉鲁国，要鲁国共同伐宋。鲁隐公便告诉齐僖公，并约齐僖公一同到预定地点防地相会，商议伐宋的事情。这次讨伐不管郑国有什么用心，但从表面上说宋国不朝拜天子、不尊王是不对的，所以当然要伐。第二年齐、郑、鲁三国伐宋，宋是小国，定败无疑。这就是执行了尊王的义务。

由于齐国力主尊王，团结对外，取得了一定效果，戎狄对中原的侵扰减少，但他们对中原的土地，特别是财物的贪欲是压抑不住的。齐僖公二十五年（前706）夏，经过准备的北戎忽然向齐国进攻。齐僖公为了有必胜的把握，首先向力量较为强大的郑国求援，同时也向其他盟国求助。郑国派太子忽率领军队援齐，齐、郑两军把北戎打得惨败。其他盟国也派大夫领兵援助，到达之后战争结束，即协助齐国戍守边境。齐僖公决定向来援的各国赠送部分牛、羊、猪及粮食等物资以示感谢。为了有次序地赠送，便请比较知礼的鲁国安排先后次序。谁知鲁国没有按救齐功劳大小排定次序，却按照周天子所封爵位的顺序安排，这样就把救齐功劳最大的郑国排在了后边。郑太子忽非常生气，觉得鲁国小看了郑国，想教训一下鲁国。齐僖公打算将女儿嫁给太子忽，太子忽以"齐国大，郑国小，非吾偶也"婉言谢绝。齐僖公并不因郑太子忽辞亲而生气，而是有恩必报，所以第二年郑国要求齐国帮助征伐盟、向二国时，齐僖公便爽快答应。两国联军出兵获胜，盟、向二地归于郑国。僖公厚待诸侯，不计嫌隙而助郑的行动，进一步赢得了诸侯们的信赖。

齐僖公三十二年（前699）春，中原又出现了多国混战的局面。原因是当初郑厉公继位时宋国君是郑厉公的外祖，宋曾出力助郑，郑厉公得以继位，宋国因此经常向郑国要求报酬，弄得郑国不堪重负，反目成仇。于是郑国约鲁国、纪国合兵攻伐宋国。宋国也不甘心受欺，便求齐、卫、燕三国帮助，形成宋、齐、卫、燕四国为一方，郑、鲁、纪三国为一方，互相攻伐。结果宋、齐、卫、燕四国联军失败。第二年（前698）冬，宋国又求齐、卫、蔡、陈四国联合伐郑，以报兵败之仇。这次郑国毫无准备，被打得大败，宋、齐、卫、蔡等国方觉恢复其尊严，而僖公的监主地位从而也得到巩固。

荒淫无耻的齐襄公

　　齐僖公年过半百得到一个千金，起名文姜，生得面如桃花，眼似秋波，艳丽无比。文姜天资聪慧，才思敏捷，能出口成章。可是，由于齐僖公的宠爱，她养成了轻浮放荡、任性而为的性格。文姜有一个同父异母的哥哥，名叫诸儿，长她两岁，是齐国的世子。他英俊魁梧，仪表堂堂，但是个不学无术的酒色之徒。兄妹二人，自幼在宫中一起长大，嬉戏玩耍，同起同坐，形影不离，关系十分亲密。及至成年，也不避什么男女之别。诸儿为妹妹的美色所吸引，不久二人即做下乱伦之事。不知不觉到了成婚的年龄，齐僖公给诸儿聘娶了宋国的公主，而把文姜许配给了鲁国的国君鲁桓公。鲁桓公对文姜十分宠爱，文姜提出的要求，只要是能办到的，都百依百顺，生怕文姜不高兴。而文姜虽受鲁桓公的宠爱，却忘不了对自己情深意切的哥哥诸儿，可又没有和他相见的理由，不免终日郁郁不乐。

　　齐僖公死后，世子诸儿即位做了国君，就是齐襄公。他即位为君，仍然割舍不下对文姜的思念之情。每到夜深，一种莫名的渴求使他辗转难眠，于是就派使者到鲁国迎接鲁桓公与文姜来齐国。鲁国大夫曾劝谏鲁桓公不要让文姜去，因为这不合礼法。但一来文姜思念哥哥执意要去，鲁桓公宠爱妻子不得不从；二来齐强鲁弱，对于齐国的邀请鲁桓公不敢拒绝。就这样，鲁桓公夫妇同车前往齐国。

齐襄公亲往迎接，大摆宴席款待鲁桓公夫妇后，就以会见旧日宫中妃嫔为名，将文姜接至宫中。齐襄公将文姜迎到事先造好的密室，摆下酒席，与文姜饮酒叙旧，兄妹二人四目相对，多年未见的相思，化作旺盛的情欲之火，不顾一切地搂抱在一起亲热起来。两人难舍难分，当晚又同床共枕留宿宫中。鲁桓公见文姜去宫中一夜未归，心中疑惑，便派人到宫门查访，得知兄妹二人眉来眼去，关系暧昧，十分气愤。文姜回来后，鲁桓公便详细盘问她，会见什么人，夜宿何处。文姜越是遮遮掩掩，鲁桓公就疑心越重，最后二人大吵起来。

第二天，鲁桓公派人向齐襄公辞行，要回鲁国。齐襄公哪能放他们走？他因鲁桓公勉强作态的表情坚定了自己必须马上动手的决心。齐襄公一定要请鲁桓公到牛山游览，说是以此为鲁桓公饯行。鲁桓公无奈，只得留文姜在驿站自己应邀前往。酒席宴上，鲁桓公心事重重，闷闷不乐，齐襄公却兴致盎然，殷勤把盏，让大臣们轮流劝酒，直把郁郁寡欢的鲁桓公灌得酩酊大醉。齐襄公派力大无比的武士彭生抱鲁桓公上车，送他回驿馆。他用眼盯着彭生，加重语气说道：

"一定要把鲁君送到家，不得有丝毫差错。"路上，彭生看看左右无人，遵照齐襄公的密令，用厚布毯子裹住鲁桓公的头，拉断其筋骨，将他害死在车上。

鲁桓公死在齐国的消息很快传到了鲁国，舆论哗然。但是在齐强鲁弱的情况下，鲁国只能提出惩办凶手彭生的要求，可怜无辜的彭生做了替罪羊。鲁桓公死后，文姜长期住在齐国。后来归鲁，仍频繁与齐襄公私会。

齐襄公的荒淫无耻、刚愎自用终于导致了宫廷政变，为他敲响了丧钟。

僖公在位时喜欢侄子公孙无知，所以公孙无知在秩服供养上享受与世子同样的待遇。齐襄公当世子时曾经和公孙无知打过架，他继位后就停止了公孙无知的世子待遇，这自然引起了公孙无知的怨恨。

齐襄公十一年（前687），齐派大夫连称、管至父戍葵丘。二人问何时可以回来？当时襄公正在吃瓜，便顺口说："明年吃瓜时就派人换你们回来。"但到第二年瓜熟之时，襄公将这件事早已忘得一干二净。二人提醒襄公兑现诺言，遭到襄公的拒绝。所以连称他们非常气愤，就准备联络公孙无知一起造反。连称有一个远房的妹妹是襄公的妃子，但不受宠爱，连称于是让她做内应，许诺事成之后让她做公孙无知的夫人。

襄公十二年十一月底，襄公到姑棼（即薄姑，今山东博兴东北）去游玩并到贝丘打猎。连称的妹妹将这一消息透露给连称，于是他们决定就在这里下手报复襄公。襄公在打猎时，突然出现了一头凶猛的野猪，侍从说："好像是彭生啊！"襄公冤杀了彭生心中不免内疚，听说是彭生，情急而呵斥道："彭生怎敢来见我?"引弓而射，不料那野猪却像人一样站立着哭叫起来。襄公大惊，慌忙中坠于车下，摔伤了脚，丢了鞋子。他慌慌张张地回到宫中，惊魂甫定，向侍从费索要鞋子不成，恼羞成怒，下令鞭打费三百。费浑身是血，跑出宫来，在大门外遇到公孙无知等人，被抓了起来。费急中生智，当即表示不会抵抗他们，并且可以帮助叛军袭击襄公。公孙无知等不信，费就让他们看自己身上的伤。公孙无知看到费被打得遍体鳞伤，便信以为真。于是先让费回到宫中帮助捉拿襄公，他们在宫门外等候费的消息。

费回到宫中，立即将公孙无知等的阴谋告诉了襄公，并将襄公藏了起来。公孙无知久等不见费出来，心中不免生疑，于是强行攻进宫中。费和襄公的侍从与无知等人拼命厮杀，结果全部战死。有个叫孟阳的侍从看到情况危急，便假装襄公躺在襄公的床上。叛军以为是襄公，不由分说一顿乱砍。等他不动了揭开被子一看，才发现不是襄公，又到处搜查。这时有人突然在门下发现一只正在发抖的脚，拉出人来一看，正是襄公，于是一刀结束了他的性命。襄公死后，公孙无知被推立为新君。但不到一年，公孙无知又被杀了。这样，齐国又开始了一场新的争夺君位的斗争。天下动荡、诸侯争霸的社会局势和齐国政治混乱的局面都呼唤着旷世奇才的出现。于是管仲和齐桓公便应运而生，引领齐国走向时代的巅峰。

第 2 章

管仲之谋（上）

　　管仲以其雄才大略、赫赫功业和不朽的人格魅力，在他所处的那个时代独领风骚。他辅佐齐桓公"九合诸侯，一匡天下"，建立了五霸之首的伟大事业，奠定了他在中国古代贤相中的突出地位，其影响遍及当时的中华大地，一直为后人所仰慕。孔子说："桓公九合诸侯，不以兵车，管仲之力也。""管仲相桓公，霸诸侯，一匡天下，民到于今受其赐。微管仲，吾其披发左衽矣！"荀子曰："齐桓公……九合诸侯，一匡天下，为五伯长，是以无他故焉，知一政于管仲也！"司马迁则云："管仲既用，任政于齐，齐桓公以霸，九合诸侯，一匡天下，管仲之谋也。"

管仲家世与早年经历

管仲，名夷吾，字仲，谥敬，故又称敬仲。齐桓公尊称其为仲父，后世尊称为管子。他大约生于前 728 年，卒于齐桓公四十一年（前 645），活了八十岁左右。春秋时期著名的政治家、军事家。

《史记·管晏列传》说是"颍上人也"。《史记索引》说："颍，水名。《地理志》：颍水出阳城。汉有颍阳、临颍二县，今亦有颍上县。"学者多据此认为是春秋时楚国的慎邑，即现在的安徽省颍上县。但至管仲时，其一支早已迁移至齐，从这一意义上来看，也可以说管仲是齐人。此外，《姓纂》亦说："周文王第三子管叔鲜，受封于管，以国为氏，今郑州管城是也。齐有管仲，字敬仲。"由此可见，"管"为地名，在今河南省郑州市。管氏便以地名为姓。周武王灭商后，分封功臣，曾"封弟叔鲜于管"为所谓"殷遗民三监"之一，因此叔鲜又被称为"管叔"或"管叔鲜"。这样，管叔便以封地的地名为姓氏。

关于管仲的祖上及后代情况，《国语·齐语》引韦昭注云："管夷吾，齐卿，姬姓之后，管严仲之子敬仲也。"《史记索隐》引《系本》说："庄仲山产敬仲夷吾。"由此可知，管仲之父名山，字严仲，或字庄仲；至于管仲的祖上则无从稽考。管仲后代的情况，《系本》云："庄仲山产敬仲夷吾，夷吾产武子鸣，鸣产桓子启方，启方产成子孺，孺产庄子卢，卢产悼子其夷，其夷产襄子武，武产景子耏涉，耏涉产微，凡十代。《系谱》同。"但是，《系本》所列的管仲后代人名，史籍俱不见记载，史迹则更不详。由此可见，管仲的后人并不显于后世。但从《战国策》《晏子春秋》等史籍记载来看，管氏在田齐时代仍为齐国显族。《晏子春秋·内篇·杂下》中齐景公说："昔吾先君桓公，有管仲恤劳齐国，身老，赏之以三归，泽及子孙。"《晏子春秋·外篇·景公称桓公之封管仲益晏子邑辞不受》中齐景公对晏婴说："昔吾先君桓公，予管仲狐与谷，其县十七，著之于帛，申之以策，通之诸侯，以为其子孙赏邑。"《左传》对于管仲封于谷之事有记载，如"庄公三十二年"载："春，城小穀，为管仲也。""昭公十一年"申无宇说："齐桓公城穀，而置管仲焉，至于今赖之。"穀，在今山东东阿。此外，《左传》僖公十二年记载："冬，齐侯使管夷吾平戎于王，使隰朋平戎于晋。王以上卿之礼飨管仲。管仲辞曰：'臣，贱有司也。有天子之二守国、高在，若节春秋来承王命，何以礼焉？陪臣敢辞。'王曰：'舅氏！余嘉乃勋！应乃懿德，谓督不忘。往践乃职，无逆朕命！'管仲受下卿之礼而还。君子曰：'管氏之世祀也宜哉！让不忘其上。'"由此可以看出，管仲生前有封地，他的后代可能也长期受到他的荫庇，为齐国的贵族。

管仲早年的生活经历是比较坎坷的，家境也十分贫穷。《史记·管晏列传》引其自述说："吾始困时，尝与鲍叔贾，分财利多自与，鲍叔不以我为贪，知我贫也。吾尝为鲍叔谋事而更穷困，鲍叔不以我为愚，知时有利不利也。吾尝三仕三见逐于君，鲍叔不以我为不肖，知我不遭时也。吾尝三战三走，鲍叔不以我为怯，知我有老母也。"由此可知，管仲虽然是姬姓贵族后裔，他的家族也可能曾经有过一段显赫而辉煌的历史，但是，随着岁月的流逝，在管仲出生前，他的显赫的家族已失去了昔日的辉煌。因此，青少年时期的管仲不得不肩负起生活的重担，步履维艰地踏上了生活的征程。从上面的自述来看，管仲早年的经商活动主要在齐、鲁交界的南阳一带。《史记索隐》云："《吕氏春秋》：管仲与鲍叔同贾南阳，及分财而管仲常欺鲍叔，多自取。鲍叔知其有母，不以为贪。"南阳，在泰山以南，山之南谓之阳，故称。春秋初，南阳属于鲁地，后来归齐。《公羊传》闵公二年记载："（齐）桓公使高子将南阳之甲，立僖公而城鲁。"据史载，鲁国发生庆父之乱后，齐桓公曾命高子率领南阳的兵马，平定庆父之乱，并立鲁僖公。这说明南阳早在齐桓公以前，就已隶属齐国。在管仲的人生经历中，南阳经商，可能是他一生中最为穷困潦倒的时期，也是他最为不得志的时候。《战国策·秦策五》记载姚贾的话说："管仲，其鄙人之贾也，南阳之弊幽。"所谓"鄙人"，就是说管仲当时只是鄙野商人。国都之外的郊野称为"鄙"。

除经商之外，管仲又"尝三仕三见逐于君"，不但自身被黜，而且可能还连累家庭，使其家遭受过迫害。据《说苑·善说》记载，子路在和孔子讨论管仲时说："（管仲）家残于齐而无忧色，是不慈也。"孔子说："家残于齐而无忧色，非不慈也，知命也。"管仲因何"家残于齐"？何时"家残于齐"？由于史无记载，无从考知。不过，据《说苑·善言》"（子路说）昔者管仲说襄公，襄公不说"推测，在襄公之乱以前，管仲可能对胡作非为的齐襄公进行过劝谏，因而触怒了性格暴戾的齐襄公，不但自己被逐，而且连累家庭遭殃。

管仲还当过兵，但为了使老母有人供养，多次临阵脱逃。又据《说苑·尊贤》《管子·小问》等记载，管仲除经商、当兵、入仕之外，还做过各种各样的事情。《说苑·尊贤》："管仲故成阴之狗盗也，天下之庸夫也。"《管子·小问》说："夷吾尝为圉人矣。"可见，管仲的青少年时代可能生活在社会的最底层。这番经历也磨炼了他的意志，对他以后步入仕途具有重要的意义。

争 国 射 钩

公孙无知死后，国内大臣们商议拥立新君事宜。当时齐国势力中正卿高候威望最隆，地位最高，势力最大。他和公子小白自幼相好，于是他和另一位大夫国氏密谋，暗中派人去莒国请公子小白火速归国，以就君位。公子小白和鲍叔认真分析了国内形势后，向莒国借了百辆兵车，日夜兼程，浩浩荡荡启程归国。

鲁庄公得知齐国的情况后，也万分焦急，准备立即启程派兵护送公子纠回国，争夺王位。当时，鲁庄公身边有一位智慧超群的大臣名叫施伯，此人对天下大势与各国情况了如指掌，善于分析形势，具有远大的政治眼光。他劝谏鲁庄公说，齐国强大了对我们鲁国自然不利啊！齐国内乱对我们是好事，所以我们还是按兵不动为好，以观其变，然后坐收渔利！鲁庄公踌躇未决，但他的母亲文姜却一定要庄公出兵伐齐，为他的兄长襄公报仇，并帮助安定齐国的形势。母命难违，因此庄公没有听从施伯的劝阻，亲自率领三百辆兵车，以曹沫为大将，秦子、梁子为左右将，护送公子纠归齐。

管仲得知鲍叔和小白已经出发，便对鲁庄公说：公子小白在莒国，莒国比鲁国近，如果小白先回到齐国，那公子纠就没有希望再回到齐国了，即使回去了也无缘继承君位。请您给我一批人马，火速到莒国去阻止小白。庄公问需要多少人马，管仲回答三十乘兵车足够了。于是鲁庄公给了管仲三十乘兵车，到莒国通往齐国的道路上去截击公子小白。管仲率领这支人马轻车简从、昼夜兼程到了即墨，听说小白的人马已经过去多时了。管仲就拼命追赶，赶了三十多里路程，正好遇到莒国护送公子小白的队伍在那里做饭。管仲看到小白端居车上，赶忙上前施礼道：公子别来无恙！现在到哪里去啊？小白答道：正准备回国奔丧去呀！管仲说：公子纠为长，应当主丧，你可以在这里休息一下，不必过于劳累，不必匆忙啊！鲍叔当然明白管仲的弦外之音，上前答道：夷吾兄，各为其主，你且回去，不必多说了！管仲看到莒兵横眉竖眼，面带杀气，怕寡不敌众，便只好向后撤退。撤退时他想，事到如今也只能一不做，二不休了。打蛇先打头，于是瞅准小白的心窝，猛然拉弓射箭，小白大叫一声，口吐鲜血，应声倒在车中。管仲乘乱率其人马飞奔而去。公子纠管仲一行看到小白已经被射死，可以放心了，放慢脚步，缓缓行进，沿途邑长父老进献饮食，他们便慢慢享用。

谁知管仲这一箭只射中了小白的衣带钩。小白知管仲是射箭高手，怕他再射，便急中生智，咬破舌头，大叫一声，吐血装死。这一招连鲍叔都骗过了。鲍叔哭了半天，走近一看，小白好好的，便转悲为喜，两人商量道：夷吾虽去，怕他再来，不可迟延，还是赶紧赶路吧！于是鲍叔让小白换了衣服，躺在有篷子的车中，从小路火速往齐国赶。

小白、鲍叔一行赶到齐国临淄城下，鲍叔先入城中拜会各位有影响的大臣，极力说明小白的仁德智慧。有的大夫说：公子纠就要到了，他是兄长，此事如何处置呢？鲍叔说：我国一连二君被弑，人心思治已经很久了，非贤能仁德之人不能平息动乱。况且，我们去迎公子纠而小白却先到了，这难道不是天意吗？天命不可违啊！再说，鲁国送公子纠回国希望得到的回报自然不会少。过去，宋公送子突回郑国继位，后来向郑国索取无厌，导致兵事连绵不断。我们国家经历了这么多的灾难，再也经不起鲁国无休止的索取了！

有人问道：如果立小白为君，我们怎么回复鲁国呢？鲍叔道：我们已经有了新的国君，鲁国自然会退兵的。正卿高傒，大臣隰朋、东郭牙等都同意鲍叔的意见，于是，朝臣们便打开城门迎接小白入城继位，这就是历史上著名的齐桓公。

小白继位自然让公子纠与管仲的计划竹篮打水一场空。小白继位的消息很快传到了鲁国，鲁国决定乘齐桓公立足未稳之际用武力争夺王位。齐桓公在鲍叔的辅佐下，点起人马前来应战。双方军队在齐国临淄附近一个名叫乾时的地方展开大战。齐军士气旺盛，以逸待劳，鲁军长途跋涉，人马疲惫，吃了败仗。鲁庄公身陷重围，几乎被擒，好不容易才突出重围，齐军大获全胜。

从囚徒到相国

齐军打败鲁国的军队，又夺取了鲁国的汶阳，齐桓公的君位得以巩固。第二天早朝时，百官自然向齐桓公称贺一番。这时，鲍叔出班奏道：公子纠仍在鲁国，有管仲、召忽辅佐，又有鲁国的帮助，心腹之患尚未除去，君主不可掉以轻心啊！桓公道：这事怎么办呢？鲍叔道：乾时一战，鲁国君臣大败而胆怯，趁他们惊魂未定之时，进逼鲁国边境，请鲁庄公诛杀公子纠，鲁国定会因为害怕祸及自己而答应我们的要求的。桓公欣然答应。

鲍叔于是率领齐国大军陈兵于鲁国边境，并修书一封派齐国大臣隰朋送给鲁庄公，信上写道："外臣鲍叔牙，百拜鲁贤侯殿下：家无二主，国无二君。寡君已奉宗庙，公子纠欲行争夺，非不二之宜也。寡君以兄弟之亲，不忍加戮，愿假手于上国。管仲、召忽，寡君之仇也，请受而就戮于齐之太庙。谨拜！"隰朋临行前，鲍叔又叮嘱说：管夷吾乃天下之奇才，我已向君主推荐了他，你必须想尽一切办法将夷吾活着带回来。隰朋问：如果鲁国要杀他怎么办呢？鲍叔道：你只要说管仲是我君的仇人，差点射死我君，所以我君一定要亲自治他的罪，这样鲁君必然会相信的！

鲁庄公接到鲍叔的信后立即和施伯等大臣们商议如何应对。施伯说：小白初立，就能够在乾时打败我军，这不是公子纠所能做到的。现在有齐军压境，以臣之见，不如按照齐国的要求杀了公子纠与齐国讲和。鲁庄公同意施伯的意见，便派公子偃率兵突然袭击公子纠和管仲、召忽，杀了公子纠，并将管仲和召忽抓起来装进囚车，准备送回齐国。

召忽眼看着自己的主子公子纠被杀，仰天长叹道：烈女不事二夫，烈士不事二主。大丈夫绝不贪生怕死，苟且偷生。现在主人已死，我召忽要为自己的主子殉节了。这样公子纠也就有了为他死节的臣子。夷吾你一定要活着回去，替齐国完成霸业，这样公子纠不但有了死臣，还有生臣啊！说着便一头向柱子撞去，鲜血飞溅，倒地身亡。

管仲见召忽身亡，不免十分悲伤。他暗暗想道：公子纠大概是福薄命浅吧，为了他我箭射小白，谁知竟为所诈，坐失良机。这难道是天意吗？为公子纠我已尽心，问心无愧。我管仲负济世之才，却生不逢时，有志难伸。今天如果像召忽那样做无谓的牺牲，有什么意义呢！如果能像事先与鲍叔约定的那样回到齐国，定能实现我平生大济苍生的夙愿。我不能为小义而失大义。于是他踏踏实实坐在囚车中，等待押解回齐国。

施伯对鲁庄公说：臣从管仲的神色观察，他似乎心中有数，我估计齐国定然不会加害管仲。管仲的才干世间少有，如果不杀掉他，日后为齐国所重用，必然会对我们鲁国构成严重的威胁。如果他能留在我们鲁国，为我们所用，那么齐国就不足为虑了。庄公说：管仲是齐君的仇人，我们如果不送回去留在鲁国，齐君必然会怪罪我们。施伯说：如果不能留他、重用他，那么就将他杀掉，将尸首交给齐国的使者，以免后患！庄公点头同意。

隰朋听说鲁庄公要杀掉管仲，吓出一身冷汗，急忙入宫求见鲁庄公。隰朋说：夷吾差点害死寡君，寡君对他恨之入骨，恨不能吃他的肉，寝他的皮，一定要亲手杀掉管仲，方解心头之恨。您如果杀了他，那我们君主不但会非常失望，而且一定会怪罪的。鲁庄公刚刚死里逃生，也感到隰朋说得有理，于是不听施伯的劝告将管仲交给了隰朋。这样他们终于逃离了鲁国。

在回国的路上，管仲自然明白鲍叔的用意，他深知自己回到齐国之后必然会得到重用，所以归心似箭。他也深知鲁国的施伯是一位智慧超群的人，他一定能够猜到齐国不会加害自己，一旦施伯派人来追，那就必死无疑了。于是为了让押送他的车子跑得更快一些，他编了一首歌让士兵们齐声高唱。士兵们一边唱歌一边赶路，越唱越有劲，不知不觉间，健步如飞，一日竟赶了两日的路程，很快就越过了鲁国的边境。不久鲁庄公果然后悔，派人追赶管仲。这时管仲一行早已离开了鲁国，鲁军已望尘莫及了。

管仲一行进入齐国的堂阜（今山东蒙阴），鲍叔早在那里等候多时了。鲍叔命人打开囚车，迎接管仲到馆舍休息。故友相见，自然分外亲切。鲍叔安排好管仲一行之后，立即回临淄向齐桓公汇报。

齐桓公一听到鲍叔建议重用管仲，便气哼哼地说：亏你想得出来，你不是不知道，管仲是我的仇人，他差点要了寡人的性命，寡人恨不能吃其肉、寝其皮，怎么可能重用他呢？鲍叔答道：做臣子的各为其主。当时他是公子纠的师傅，为了公子纠他用箭射你，这是非常正常的呀！现在公子纠死了，您如果能重用他，他一定会像尽忠公子纠那样尽忠于您的。桓公道：看在你的面子上，那就留下他吧！

齐桓公安定国内之后就对帮助自己继位的大臣们进行封赏。鲍叔的功劳最大，齐桓公就打算让他出任相国。鲍叔却推辞说：微臣处事平庸，如果您只想治理好一个齐国，那么微臣与国氏、高氏就足够了！如果您想称霸天下，那么非管夷吾不可。臣有五个方面不如管夷吾：宽以从政，施惠爱民，臣不如他；治理国家，巩固政权，安定百姓，臣不如他；取信于民，深得民心，臣不如他；制定礼仪，四方向化，臣不如他；整治军旅，使百姓勇于战斗，臣不如他。所以希望您放弃前嫌，以国家社稷为重，能够重用他。这样齐国幸甚，万民幸甚！桓公对鲍叔十分信任，在鲍叔的极力推荐下，他终于摒弃前嫌，任管仲为相。桓公得到管仲的辅助，如鱼得水，终于建立了"九合诸侯，一匡天下"的丰功伟业。

庙 堂 陈 谋

齐桓公小白是个急性子，为了考察管仲的能力，证明鲍叔所言不虚，他询问管仲的治国之道，说：齐国乱了这么久，如何才能使我们国家得到安宁呢？管仲答道：您如果能建立霸业，国家就能安定富强；如果安于现状，不能建立霸业，国家就不会安宁！

此时齐桓公想的只是如何尽快稳定局势、安定人心，至于建立霸业这样的大事，那是以后的事情。所以齐桓公说：我现在还没有那样的雄心，也不敢说那样的大话，只求国家能够安定！管仲了解齐桓公的意图，便接着说：您免除了臣的罪过，就是希望臣能对国家、对您有所帮助。臣之所以不为公子纠死节，并非贪生怕死，苟延性命。臣自信能够帮助大王实现富国强兵的理想，能够帮助大王实现称霸诸侯的伟业。如果臣不能帮助大王实现这些理想，那么臣不去为公子纠死节，活着还有什么意义呢！管仲说完就立即告退。齐桓公反应相当快，他立即意识到管仲这是不相信自己，打算为公子纠去殉节。于是他立即将管仲喊了回来，满头大汗地说：我不是不想建立称霸诸侯的伟业，只是目前国家动荡刚过，百废待兴，不知从何做起啊！管仲回答说：欲建立霸业，称霸诸侯，第一步必须稳定局势，安定国内的民心，实现富国强兵的战略。桓公道：怎样才能安定人心，取得百姓的信任与支持呢？管仲答道：要取得民心，首先要从爱护百姓做起。国家能够爱护百姓，百姓才会和国家同心同德，为国出力。当然，爱民的关键首先是富民，让百姓富足，百姓自然安居乐业。百姓富足了，国家自然也就富强了。国家强大了，那么称霸诸侯，建立霸业的宏伟蓝图就能变成现实了！桓公又问道：百姓已经富足了，甲兵不足又该怎么办呢？管仲答道：兵在精而不在多。兵力要强，士气必须旺盛。只要有旺盛的士气与顽强的战斗力，这样的军队就会所向披靡！桓公又问道：士卒训练好了，如果财力不足，那该怎么办呢？管仲答道：开发山林、矿藏就可以解决制造兵器的原材料；再开发盐业与渔业、发展商业贸易，开放市场，利通天下，就可以增加大量的财富，这样不但可以解决军队的开支，而且有利于国家的富强与稳定。

齐桓公对管仲的周密计划十分满意，也十分激动。他接着问道：国富、民足、兵强是不是就可以争霸天下了？管仲回答：只有这些条件还不够。要实现称霸天下的理想，内部与外部的条件都必须成熟，只有内部条件而没有和诸侯之间建立比较稳固的联盟关系，还不足以称霸诸侯，号令天下。现在，我们国内还不稳固，尚不可轻举妄动。目前首要任务是让百姓休养生息，施惠于民，让老百姓尽快地富裕起来。

桓公又问：如何才能够实现这些措施呢？管仲回答：关键在于用人。十年树木，百年树人。人才乃强国之本。只有用好人、用对人、用能人才能实现这些措施，使国富兵强。桓公说：依您看来，哪些人可用呢？管仲答道：从内政来看，进退有礼，动静有仪，善于辞令，刚柔相济，臣不如隰朋，请任命他为大司行（负责礼仪和招待宾客的最高长官）。开辟荒地，充分利用地利，多打粮食，增加人口，臣不如宁戚，请任命他为大司田（负责农业生产的最高长官）。在平原旷野之中，能使车马整齐，士卒听从号令，擂起战鼓，三军将士能视死如归，臣不如王子成父，请任命他为大司马（负责军事的最高长官）。判案公平公正，不妄杀无辜，不冤枉无罪之人，臣不如宾须无，请任命他为大司理（负责司法的最高长官）。敢于犯颜直谏，不顾自身安危，不计个人名利，富贵不淫，威武不屈，臣不如东郭牙，请任命他为大谏（负责劝谏的最高长官）。这五个人臣一个也比不上，但是他们只有某一方面的才能，而臣善于宏观控制，具有宏观管理能力。您如果只想富国强兵，有这五位就完全可以实现了。但如果要建立霸业，称霸诸侯，非臣不可。齐桓公完全赞成管仲的分析，同意管仲的意见。他又问在外交方面哪些人可用？管仲说：公子举见多识广，博学识礼，言语谦逊，善于周旋，请派他到鲁国作使者；公子开方为人灵活敏捷，善于应变，可以派到卫国作使者；曹孙宿为人小廉且善于耍小聪明，十分谦恭又善于辞令，正合乎荆楚的风俗，可以派他到楚国作使者。这样，就可以充分发挥个人的特长与能力，尽量结交诸侯，建立与诸侯的稳固联盟，为我们下一步称霸天下作准备。

齐桓公按照管仲的建议分别对这些官员进行了任命，这为齐国实现富国强兵、称霸天下奠定了坚实的人才基础。

心急吃不了热豆腐

齐桓公即位之初，中原比较强盛的诸侯国还有鲁、宋、郑、陈、蔡、卫。在这几个国家中，郑国原本最强，齐桓公即位前十五年，郑庄公死后，他的几个儿子互相争夺王位，内乱不断，因而国势迅速衰落；与此同时，宋国与卫国也因为内乱而逐渐走下坡路。所以，桓公即位时，只有鲁国比较强大。

桓公初即位，急于有所作为、有所表现，便雄心勃勃想东征西讨，一展雄才大略。桓公二年（前684）正月，齐借鲁国收纳公子纠的罪名兴兵伐鲁。本来鲁国就是强国，再加上鲁庄公又是个性情刚烈而又崇尚武力的人，一听说齐军来犯，也摩拳擦掌，下令征发全国的军队，与齐军决一雌雄。

齐、鲁两军在长勺（今山东莱芜东北）相遇。齐军仗着人多势众，又有乾时之战的余威，便首先击鼓发动冲击，企图将鲁军一举歼灭。鲁庄公见齐军击鼓，便欲下令击鼓出击。他的谋士曹刿马上阻止说：不必着急！等齐军三次击鼓之后，曹刿才说：现在可以击鼓出击了！于是，鲁庄公命令鼓手用力擂起了表示进攻信号的大鼓。这时，齐军经过三次冲锋之后，已疲惫不堪，缺乏锐气与战斗力了。经不起养精蓄锐的鲁军猛烈的攻击，大败而退。这时鲁庄公又准备下令追击，曹刿又阻止说：别忙！然后他下车仔细察看齐军逃亡时车轮的痕迹，又爬到车轼上向齐军逃跑的方向仔细察看。他看到齐军旗帜不整，涣散无力，知道齐军并非使诈，这才对鲁庄公说：可以追击了！于是鲁军一鼓作气，将齐军追击三十余里，俘虏了不少齐军，缴获了大量辎重、铠甲和兵器，大胜而归。

齐桓公初试锋芒就遭遇惨败，难免恼羞成怒，将所有罪过归于管仲。管仲心中明白，此时的齐桓公急于有所作为，听不进不同意见，不撞几个钉子，不碰得鼻青面肿，他是绝不会服输的。所以，管仲任其所为也不搭理他。齐桓公十分恼怒地问鲍叔说：长勺一战即失利，我们凭什么让诸侯信服我们呢？鲍叔回答：齐鲁皆为千乘兵车的大国，实力本来就不相上下。兵势的强弱因主客的不同而改变。乾时之战，我方为主，因此而战胜鲁军；而长勺之战，鲁军是主人，因此打败我们。胜败乃兵家常事，并不能说明我们不及鲁军。君王如果想洗雪长勺之战的耻辱，那么我们可以和宋国联合，齐、宋联合必然会战胜鲁军！齐桓公同意鲍叔的建议，便派人联合宋军，准备再次向鲁国开战。

本来齐、宋两国关系就十分密切，现在齐国这样的大国又来通好、联合，宋闵公十分高兴，当即答应齐国的请求，决定派兵和齐军一起讨伐鲁国。双方决定六月上旬在鲁国的郎城相会。

这次联合行动中宋国任南宫长万为大将，猛获为副将。齐国任鲍叔为大将，仲孙湫为副将，各统大军，如期于郎城相会。齐军驻扎在城东北，宋军驻扎在城东南。

面对两个大国的联合进攻，鲁庄公有些犹豫胆怯。这时，鲁国的大夫公子偃建议说：宋国的军队人心不齐，缺乏战斗力，我们可以首先攻击宋军。这样，宋军一乱，齐军也就孤掌难鸣，丧失了战斗力。请下令先向宋军发起攻击！鲁庄公犹豫再三，还是不敢贸然出兵。公子偃见鲁庄公犹豫不决，于是擅自下令，鲁军在夜里悄悄从鲁都南门出击，向宋军发起突然袭击。公子偃让鲁军以百余虎皮蒙于战马身上，趁月色朦胧，偃旗息鼓，悄悄出城，首先偷袭恃勇无备的南宫长万所领的宋军。将近敌营，鲁军一起举火，鼓声大震，火光冲天。一队猛虎突然袭来，宋军各个胆战心惊，惊恐万分，四处逃窜。南宫长万禁阻不住，只能立即撤退。鲁军挥兵追击，在乘邱（今山东兖州西北）俘获南宫长万，大获全胜，鸣金收兵。齐军见宋军大败，知道大势已去，无力回天，也只好撤退了。

长勺之战的失败与这次郎城失利，都给齐桓公以深刻的教训。他深深地意识到，如果不按照管仲的治国方略，先修内政，发展经济，充实国力，富国强兵，就不可能成就霸业。他后悔不听管仲之言，以致两次吃亏。于是他决定完全依靠管仲，让他放手去做，从事政治、经济、军事方面的改革，以实现富国强兵、实现霸业的宏伟事业。

朝 王 定 宋

齐桓公二年（前 684），齐桓公派大行隰朋去洛阳向周王通报自己已经继承齐国的君位，并向周王室求婚。第二年，周庄王将女儿下嫁给了齐桓公。由于齐桓公娶的是王室之女，而齐国和周王朝的地位并不是平等的，所以要有一个和齐国地位相当的同姓诸侯来主婚。周王室将新娘不是送到下嫁国，而是先送到主婚国，再由主婚国将王室之女嫁给齐侯。这样，齐国并没有直接同周王室商谈婚姻嫁娶之事，自始至终都是通过主婚国来进行的，这就避免了不同等级之间行礼的许多麻烦与难堪。这次主婚的是鲁庄公，因此，齐桓公到鲁国亲自迎接新娘，就为齐、鲁改善关系提供了机会。但遗憾的是，齐桓公并没有抓住这次机会，没有因此而改善齐、鲁之间紧张的关系。

前 682 年，周庄王去世，第二年正月周僖王继位。管仲趁这千载难逢的机遇对齐桓公进谏道：当今诸侯比我国强的不少，南方有楚国，西方有秦、晋。但是诸侯之间互相炫耀，并不尊重周王，因此谁也不服谁，谁也不能成就霸业。如今周王室虽然衰微，但名义上仍然是天下的共主。平王东迁以来，诸侯不去朝拜王室，不进贡物品，不把周王放在眼里。郑伯竟敢公然射周桓公之肩，五国公然违抗周庄王之命。这样，各国臣子不知道有君父之尊。楚国熊通僭称王号，宋、郑弑其君主，已经习以为常，没有人去征讨，没有人主持公道。现在周庄王刚刚去世，新王继位，宋国又发生了南宫长万之乱，贼臣虽然被杀，但宋国的君主还未得到周室确认。我们应该趁此千载难逢的时机，派使者去朝拜周王，请得周天子的旨意，会集诸侯，确定宋国君主的正统地位。宋国君主一定，然后以周天子的名义号令诸侯，共同尊奉王室，对外排斥四夷。在诸侯中扶弱济困，抑制强横，对那些不遵王命的率天下诸侯共同征讨之。天下诸侯看到我们没有私心，又主持公道与正义，必然会遵从我们，来齐国朝拜。这样以尊王室相号召，不用军事行动，就可以成就霸业！

齐桓公对管仲的分析连连称是，于是派使者带上大量的贡品前往洛阳朝贺周僖王，并请求能够奉周王室之命召开一次诸侯大会，来确定宋国国君之位。

诸侯纷争日久，早已不把周王室放在眼里。周僖王听说齐国来朝贺，喜出望外，受宠若惊。他见齐桓公能恭请王命，非常感动。再说周王自顾不暇，哪里有能力与精力去管那些不听话的诸侯们的事情！于是周僖王感动地说：伯舅能不忘王室，这是朕的幸运。泗水一带的诸侯，听任伯舅去管理！

这样，齐桓公五年（前681），在管仲的谋划下，齐国以周王室的名义召集宋、鲁、陈、蔡、卫、郑、曹、邾等国在齐国的北杏（今山东聊城东）会盟，决定宋国君主之事。齐桓公想趁这次会盟之际，炫耀自己的实力，震慑诸侯，于是问管仲：这次会盟，我们带多少兵车呢？管仲说：您是奉周王之命去会见诸侯，怎么能带兵车呢？请将这次当作修好的盟会！桓公完全赞成管仲的意见，让军士先在北杏筑起高三丈的三层大坛，左悬大钟，右置大鼓。在台上设置周天子的虚位，旁置反坫（放置酒杯的土台），玉帛一类的礼器陈设得十分整齐，又为各国诸侯修建了宽敞明亮的馆舍。

按照约定的日期，宋桓公御说先到北杏与齐桓公相见，感谢齐桓公确立自己的君主地位。第二天，陈宣公杵臼、邾子克二位国君相继到达，接着蔡侯献舞也来了。这样实际到会的只有五国国君，而鲁、卫、郑、曹四国并未赴约。齐桓公感到恼火，问管仲说：诸侯没有到齐，能不能再推后一些日子等一等呢？管仲答道：俗话说，三人成众。现在到了四个国家，加上我们已经是五国，可以结盟了。如果再推迟日期，就是不讲信用。再等却没有国家来，这是辱没王命。如果这样，日后还怎么体现王命的尊严？于是，三月初一日五国诸侯全部聚集在大坛之下，齐桓公对诸侯们说：王室政事长久被废弃，各国叛乱的事情接连发生，天下大乱，人心惶惶。今天小白谨奉周王之命，会合各位共同商议辅助王室，确定宋国君主的君位。今天的大会需要推选一位为会主，主持盟会啊！诸侯们私下纷纷议论，感到有些为难：推选齐侯吧，宋国又是公爵，比齐国地位高，尊卑次序有定啊！推选宋公吧，宋公刚继位，还是靠齐侯会合诸侯来确定的，不敢妄自尊大，所以难哪！齐侯的用意是明摆着，只是大家因为怕得罪宋公才没人站出来挑破。陈宣公为了讨好齐侯，便起身说道：天子将会合诸侯的大事交给了齐侯，我们自然应推齐侯为主！陈宣公一出头，大家便随声附和，一致推选齐桓公为盟主。齐桓公假意推让一番，然后引领各位诸侯登坛。齐桓公为首，依次是宋公、陈侯、蔡侯、邾子。次序排列妥当，鸣钟击鼓，先在周天子位前行礼，然后交拜，畅谈兄弟之情。最后大家一致同意共同辅助王室，互相帮助，共同抵御外族。

尽管有几位诸侯没有参加盟会，但这毕竟是齐桓公主持的第一次诸侯会盟，它不但扩大了齐国的影响，提高了齐桓公的声威，而且为齐国建立霸业奠定了初步的基础。

灭遂盟鲁

北杏之会鲁国没有参加，齐桓公自然不高兴，而宋公却在盟会尚未结束便偷偷溜掉，使齐桓公丢了面子，因此他大为恼火。于是他准备派人去追赶宋公，给他点颜色看看。管仲劝阻道：刚刚结盟就去追赶他们，这是不义的行为。不如请王室之师一同来征讨，才名正言顺。但是要想征服宋国，必先讨伐鲁国。因为宋国距我们远而鲁国近，舍近伐远，非所谋也。况且鲁国是王室宗族之国，不先征服鲁国，凭什么让宋国服从我们呢？桓公道：那么讨伐鲁国，先从何处下手呢？管仲答道：济水边上的遂国（今山东肥城南）是鲁国的附庸国，只是一个有四姓的小国。如果我们灭掉遂国，鲁国必然恐惧不安。然后我们再派使者前往鲁国责问他们不来赴北杏之会的原因。再将此事告知鲁夫人，鲁夫人必然想方设法让鲁国和他的娘家齐国搞好关系。这样鲁侯内迫于母命，外惧齐兵压境，必然会向我们妥协求好。等鲁侯前来请求修盟时，我们顺水推舟，答应他的请求，先安定鲁国，再奉王命举兵攻宋，这样就会一举成功。

齐桓公按照管仲的方案，亲率大军攻遂，擂过第一遍战鼓，遂国便被一举攻下。齐军便在济水边安营扎寨。

鲁庄公听说齐国灭掉了遂国，知道齐国是来兴师问罪的。他连忙召集大臣们商议对策。公子庆父说：齐国两次对我国用兵，都没占到什么便宜，臣愿领兵拒敌，和他们展开死战！施伯连忙说：不可，不可。管仲是天下奇才，他现在治理的齐国内政与军事都有一定的法度，这是不可出兵的第一个原因。北杏会盟，齐国是奉周天子之命，以尊王攘夷相号召，这是深得人心的。现在齐国只是来责备我们违抗王命，我们理亏，这是不可出兵的第二个原因。杀掉公子纠，我们对齐有功，王姬下嫁齐侯，我们也是有功劳的，如果出兵，就是抛弃过去的功劳，和齐国结仇，这是不可出兵的第三个原因。为今之计，不如和齐国盟誓修好，这样齐军就可不战而退了。

曹刿等绝大多数大臣都赞成施伯的意见，于是鲁庄公派人和齐国讲和。管仲与齐桓公答应了鲁国讲和的请求，双方约定在齐国的柯地（今山东东阿西南）会盟。

管仲派人在柯地筑起一座高坛，准备好会盟所需要的一切。到了会盟这天，齐国安排许多全副武装的甲士按东、南、西、北方向分别执青、红、黑、白旗帜，由将官统领，分四队排列在坛下。坛级共有七层，每层都有壮士手执黄旗把守。坛上树立一面大黄旗，上面绣着"方伯"两个大字。两旁设立大鼓、钟磬，由王子成父掌管。坛中备好香案，整齐地排列着祭祀和歃血的器具，由隰朋掌管。坛西立起两根石柱，拴着祭祀用的黑牛白马，屠夫们手执大刀，凶神恶煞一般。会盟的场面十分威严庄重。东郭牙是这次会盟的侯相，站在阶下迎接宾客。管仲和齐桓公端居大坛中央，整个会盟由管仲主持。

管仲吩咐：鲁君到来之后，只许一君一臣登坛，其余人等均挡在坛下！

鲁庄公来到，首先映入眼帘的是那大黄旗帜上特别醒目的"方伯"二字，心中不免有些别扭，又见齐军如此布置森严，不免紧张起来，双腿发软，一步一颤。曹沫内穿铠甲，身挎利剑，毫无惧色，紧随庄公身后。将要登坛，东郭牙上前对曹沫说：今天两位国君盟会，辅助行礼之人怎么能带凶器呢？请把剑放下！曹沫怒目圆睁，眼放凶光，眼珠都要掉出来了。吓得东郭牙倒退了几步。在曹沫的保护下，鲁庄公走上高坛与齐桓公相见，互叙通好之意。

正当双方就要歃血为盟之时，曹沫趁齐桓公不备突然拔出宝剑，左手抓住桓公的衣袖，右手用短剑逼住桓公。左右的人都被这突如其来的变化惊在了原地。管仲见势不妙，急忙上前用自己的身体挡住桓公，厉声问道：将军要干什么？曹沫厉声答道：齐强鲁弱，齐国如果真正能够做到扶弱济困，辅助王室，就不应该欺负弱小。你们过去霸占了我们多少土地，今天你们如果归还我们的汶阳之地，我君才可以歃血为盟！齐桓公吓得胆战心惊，只好按照管仲的意见答应了曹沫的要求。曹沫放开桓公，扔下宝剑，从隰朋手中接过玉盂，跪下捧到二位国君面前。两位国君对天盟誓，双手执盂，一饮而尽。二人相互祝酒，互相道贺。庄公的欢颜倒是有些真的，只不过暗暗担忧：齐侯为曹沫所劫，勉强答应，他能轻易放我们君臣二人吗？

柯地结盟完毕之后，桓公周围的人都愤愤不平，请求劫持鲁庄公以报曹沫劫持之辱。齐桓公感到太丢人了，也有悔盟之意。管仲劝道：鲁国君臣为我们所掌握，毁约是很容易的事，但从此以后诸侯就会不相信我们。这样，我们怎么能假王室之名率领诸侯，使诸侯服从我们呢？今天正好借此机会向诸侯们表明您的宽宏与信义。这不但不失面子，而且能够起到很好的宣传作用啊！齐桓公认为管仲说得十分有理，于是高高兴兴将原来侵占鲁国的土地还给鲁国，并亲自送鲁庄公回国。

征 服 宋 国

正如管仲所料，齐、鲁柯地结盟以后，诸侯听说了齐桓公的义举，都为他的信义所折服。卫、曹两国都派使者到齐国谢没有参加北杏之盟的罪过，并请求和齐国建立盟约。齐桓公约他们等讨伐宋国之后再定期相会，共结盟约。

那么，齐桓公为什么要讨伐宋国呢？除了北杏之盟时，宋桓公不辞而别，齐桓公对此十分生气外，就在齐鲁会盟的这一年，宋国竟然公开违背北杏之盟，出兵伐杞（杞国乃夏禹之后，在今河南杞县）。一心要称霸诸侯的齐桓公对此哪能坐视不管！于是他以宋桓公不遵从王命为借口，于前680年春天联合陈、曹两国出兵伐宋。出征前齐桓公首先派人告诉周王，说宋国不尊重王室，请王师下临，一同兴兵问罪宋国。这时齐桓公事实上已经成为诸侯的首领，周僖王也只能做个顺水人情，派大臣率兵和齐国一起征讨宋国。齐桓公命管仲率领一军先与陈、曹两军会合，自己亲自率领隰朋、王子成父、东郭牙等大军随后进发。约定在商丘集结。

齐国盟军到达商丘后，宋国看到兵临城下，只好再次请和，表示愿意服从齐国，并以北杏之盟不辞而别之罪向齐桓公道歉。宋桓公向齐国进献了大量的礼物，齐桓公将宋国所献的金玉等礼物转送给周僖王。

这次伐宋行动得到周王室的支持，是齐国第一次利用周王室的名义来给自己的行动添上正义与合法的色彩，也是管仲"尊王"策略的成功运用。从此，齐桓公假天子的名义行征讨之事，就具有合法性与正义性。这样，齐桓公实际上便成为诸侯的首领，齐国的霸业初步形成。

第 3 章

管仲之谋（下）

称 霸 诸 侯

齐桓公在管仲的辅佐下征服宋国之后，其他小的诸侯国纷纷向风而动，归附齐国。管仲为了进一步提升齐国的声望，抓住这个机会，建议齐桓公召集宋、卫、郑三国于前680年冬天在卫国东部的鄄（今山东鄄城北）会盟。齐桓公请周天子派人参加盟会，表示这次盟会是天子召集的。这样齐桓公又一次借周天子的名义抬高了自己的政治地位与在诸侯中的影响力。

鄄城之盟的第二年，管仲看到大大小小的诸侯国皆已听令于齐国，便进一步建议齐桓公再次召集那些大国会盟。周僖王三年（前 679），齐桓公召集宋、鲁、陈、卫、郑、许等诸侯国在鄄城会盟。这次会盟，不但参加的诸侯国比以往都多，而且盟会十分圆满，大家公认齐桓公为天下的霸主。从此以后，大多数诸侯国每年都要派人或者是国君亲自到齐国朝拜齐桓公。

但是，在诸侯国中，郑国有些例外。郑国本来就是中原的大国和强国，在郑庄公时期，齐国的国君都是追随郑国的，而且当齐国被戎人攻打之时，是郑国出兵解了齐国的危难，然而现在情况却完全颠倒过来了，眼看着齐国一跃而成为中原的霸主，郑国反而要到齐国去向齐桓公称贺、朝拜，心高气傲、颇有才干的郑厉公心中有些不服气。所以他本人不愿意到齐国去朝拜齐桓公，只是派大臣去齐国朝拜一番，走走过场而已。齐桓公对此十分生气。他看到郑厉公根本不把自己放在眼里，虽然郑国迫于齐国的压力也参加齐桓公的盟会，但郑厉公本人对自己还是不够尊重，且有野心，于是齐桓公决定找个机会教训教训郑厉公。

恰巧这年（前 679）秋天，宋国的附庸国郳（在今山东滕县东，一说在今山东枣庄西北）背叛宋国。宋桓公请求齐国为自己主持公道，讨伐郳国。于是齐桓公以霸主身份率领宋国、邾国和齐师讨伐郳国。

然而，螳螂捕蝉黄雀在后。正当宋、齐等联军讨伐郳国之时，郑国却乘虚而入，攻打宋国。宋国只好放弃对郳国的征讨赶紧回师自救，并请求齐国帮助讨伐郑国。齐桓公爽快地答应了宋国的请求。前678年夏天，齐国约卫国和宋国一道出兵讨伐郑国。郑厉公看到三国联军声势浩大，大兵压境，不敢公开与齐国结仇，只好向齐宋联军求和。到了十二月，齐国召集宋、陈、卫、郑、许、滑、滕等国国君在宋国的幽地举行会盟大会。这次连鲁庄公都派人参加了。这次幽地的会盟是春秋时期一次规模最大的会盟，从此以后，东方的诸侯都归附到了齐国的旗帜之下。

在管仲的辅佐下，齐桓公利用军事与外交等多种手段，迫使中原的各个诸侯国纷纷臣服齐国，齐国实际上已经成为中原的霸主。当称霸天下、号令诸侯的各种条件成熟之后，齐桓公于前667年夏天，又一次召集鲁、宋、陈、卫、郑、许、滑、滕等国在宋国的幽地会盟。周惠王看到，齐桓公在管仲的辅佐下，以"尊王攘夷"相号召，极力辅佐周天子，尊重王室，主持公道，致力于恢复周代的道德伦常观念与秩序，与以前从不把周天子放在眼里的霸主显然不同，于是就派王室卿士召伯廖"赐齐侯命"，也就是周天子从此正式承认齐桓公的霸主地位。这样，齐桓公名义上与实际上都成为天下的霸主。管仲辅佐齐桓公称霸天下的梦想终于得以实现。

北 伐 山 戎

在管仲辅佐齐桓公称霸中原之时，北方的少数民族山戎和狄人也逐渐发展壮大起来，对中原各个诸侯国构成了严重的威胁。山戎是北戎的一支，在令支（约在今河北滦县、迁安之间）建都，国君名叫密卢。其国土紧邻燕国，东南和齐鲁相接。令支介于三国之间，恃其地势险要，兵强马壮，不称臣，不纳贡，并屡屡侵犯中原。周惠王十三年（前664），山戎又举兵侵犯燕国。燕国抵抗不住，火速向齐国求救。

当时，南方的大国楚国并不承认齐国的霸主地位，也不参与中原各国的盟会，一直是齐国的心腹大患。齐桓公的想法是先讨伐楚国，然后回过头来对付山戎。管仲认为：齐国要实现真正的称霸天下，对付南方的楚国与北边的山戎和西边的狄人就需要分先后，这些都是中原各国的祸患。但要征伐楚国，必须先征讨山戎。只有北方的边境安宁了，才能专心对付楚国。如今恰好山戎侵犯燕国，燕国向齐求救，齐国举兵伐夷，一方面可以解除燕国之急，另一方面可以安定北方，而且能得到各个诸侯国的拥戴，一举两得。齐桓公赞成管仲的观点，于是举兵救燕伐戎。

山戎听说齐国大军来到，自知不是对手，于是掳掠了燕国的大量钱财解围而去。齐军与燕兵会合一起，北出蓟门关追击，杀得山戎落荒而逃。山戎首领带着残兵败将逃入孤竹国（今河北卢龙到辽宁朝阳一带）借兵去了。管仲建议齐桓公继续向孤竹国进发，一定要斩草除根，彻底解决山戎问题。于是齐桓公和管仲率大军直逼孤竹国。山戎大王密卢和孤竹国大将黄花各带一支人马前来阻挡，又被齐军打得落花流水。管仲见天不早了就命令安营扎寨，打算休息一夜，明天继续攻打孤竹国。到了头更天的时候，士兵们带着孤竹国的大将黄花来见齐桓公。齐桓公看到他跪在地上双手捧着一颗人头，就问他：这是谁的人头，你来干什么？黄花说：我们大王答里呵不听良言相劝，与山戎勾结，现在打了败仗，又将老百姓挟持去沙漠请求救兵。我趁机杀了山戎的首领密卢来投降，情愿在大王手下效力。我可以带大王去追答里呵，省得他们回来报仇！齐桓公和管仲仔细看了那颗人头，确实是山戎首领密卢的。他们以为山戎内部起了内讧，黄花是真心投降，就将黄花留了下来。

　　第二天，管仲和齐桓公等跟着黄花进入孤竹国的都城，这里果然是一座孤城。他们更加相信黄花投降了。管仲怕答里呵逃远了就让燕庄公带上燕国的人马守住孤竹国的都城，他和齐桓公率领齐国大军追赶答里呵。到了黄昏时分，齐国大军被带到一个名叫"迷谷"的地方。这里平沙茫茫，黑雾重重，寒气逼人，别说是傍晚，就是白天也难以分辨出东南西北来。中原人哪里到过这样恶劣的地方，大家全迷失了方向。忽然之间，狂风大作，沙石乱飞，人马俱惊。齐桓公和管仲急得团团转，赶紧找黄花，可黄花早已不知去向。管仲这才明白上了黄花的当。管仲对齐桓公说：臣听说过北方有旱海，是个十分险恶的地方。恐怕这里就是旱海了。齐桓公急令收军。这时天越来越黑，又是冬天，西北风一直刮个不停，大伙冻得直打哆嗦。军队就在这无边无际、黑咕隆咚的地方冻了一夜，好不容易熬到天亮。但是眼前还是黄沙茫茫，迷雾重重，不辨东西，找不到出去的方向。沙漠之中不但没有一滴水，就连一棵草都没有。如果走不出这无际的沙漠，别说饿死，就是渴也得渴死。正在大家无计可施之时，管仲突然想到一个主意，他想：狗、鸽子、蜜蜂不管离家多远总是不会迷路的。于是他对齐桓公说：马也许认得路，不如挑几匹当地的老马，让它们在前面走，也许能走出这个地方。齐桓公说：那就试试吧！他们选了几匹马领路。这几匹老马不慌不忙，自由自在地走着，真的是老马识途，它们领着大队人马出了迷谷回到原来的路上。

齐桓公和管仲的大队人马走出了迷谷，径奔无棣城。一路上看见老百姓扶老携幼，匆匆赶路。管仲让人前去打探，老百姓说孤竹国赶走了燕兵，孤竹国国王让逃难的老百姓回到自己的家园。管仲让一部分心腹士兵扮作城中百姓，混进城中，吩咐他们到半夜时分举火为应。到了半夜，混进城的士兵放了一把火，从城中杀出，城外的大军猛烈进攻，直杀得敌人叫苦连天，黄花和答里呵被杀，孤竹国就这样被齐国大军灭了。

管仲灭了孤竹国，山戎再也无力为患了。齐国大获全胜，这样渤海沿岸一些部族、小国纷纷向齐国俯首称臣。燕国的老百姓看到山戎的威胁解除了，自然非常高兴。他们重新建设被战争毁坏的家园，恢复生产。燕庄公十分感激齐桓公与管仲的救助。齐桓公回国之时燕庄公恋恋不舍地送了一程又一程，不知不觉就送出了燕国的边界进入了齐国境内。齐桓公对燕庄公的情谊十分感动，就根据周王关于诸侯送诸侯不能出自己国境的规定，将齐国边境几十里的地方割让给了燕国。燕庄公紧紧握住齐桓公的手，激动得说不出话来。齐桓公又劝燕庄公好好地为周王朝守卫北方的边疆，遵守向周王按时朝贡的礼节，两人才依依惜别。这样，燕国也成为齐国的盟国，参加齐国举办的会盟活动。天下诸侯得知齐桓公的义举，更加感到齐桓公的仁义与公正。这样，齐桓公的霸主声望更高了。

存 邢 救 卫

齐桓公讨伐山戎时曾经派使节请鲁国一起救燕。鲁庄公答应了齐国的请求但却没有出兵。对此齐桓公十分生气，想趁班师回国之机，惩罚鲁国。管仲劝谏道：齐鲁是近邻，为了这一点小事兵戎相见，有损我们齐国的声望，不如我们乘机改善两国之间的关系。我们这次出征得到不少宝物，这些珍宝都是中原诸侯国少见的，不如送给鲁国一些，让他们放到周公庙里陈列。这样鲁国必然感激大王，从此两国关系就会得到改善。齐桓公按照管仲的意见送给鲁国一部分珍宝。鲁庄公见齐桓公如此大度，十分感激。

再说生活在今太行山一带的北狄拥兵数万，常有扫荡中原的野心。前662年，北狄国国王听说齐国攻伐山戎，便想乘机扫荡中原。他率两万多骑兵侵犯邢国（今河北邢台），邢国形势十分危急。齐桓公问管仲怎么办？管仲说：诸夏各国彼此亲近，算是一家。一国有难，不应袖手旁观。我们应该出兵救邢才是上策。狄人得知齐国出兵救邢，很快便撤兵，邢国暂时转危为安。

狄人这次侵犯邢国未能得逞，但气焰依然十分嚣张。前660年冬，他们卷土重来，大举进攻卫国。卫懿公派人向齐国告急。齐桓公因为齐军伐戎之后未得休整，便约定来年春天集合诸侯前来相救。谁知这年冬天，狄人就攻破了卫国，杀了卫懿公，拆了卫国的城墙，到处烧杀抢掠，卫国成了一片废墟。

卫懿公被杀后，卫国的大夫到齐国准备迎接住在齐国的卫公子毁回国为君。齐桓公听说卫国的遭遇后非常后悔没有及时救卫，于是让公子无亏率兵车并带上嗣位所用的一切物品护送卫公子毁回国即位。这就是卫戴公。

此时，卫国已经无城可居，物力匮乏，景象十分荒凉。齐公子无亏只好留下三千甲士，协同卫侯守卫漕邑（今河南滑县旧县城东），以防狄人再来侵犯。同时，齐国看到卫国的惨状，送给卫国大量的牛羊猪狗等物品以及建筑材料，帮助重建卫国。

就在齐国帮助卫国重建之时，邢国又告急了。前659年春狄人第二次攻打邢国，占领了邢国的都城。齐桓公与管仲派大军联合宋、曹两国的军队前往救援。三国大军很快赶走了猖獗的狄人，但是邢国经过这次破坏已经是一片瓦砾。邢国的君臣、百姓十分惧怕狄人，再也不敢在旧都住下去。为此，齐国又替邢国将都城迁到夷仪（今山东聊城）。夷仪靠近齐国，都城建在那里，邢国人自然会产生安全感。齐、宋、曹三国联军将邢国故都收集的财物全部交给邢国，帮助邢国修建新城。

　　救邢之后，卫国的国君还住在漕邑，住那里本来就是权宜之计，不能长期居住。因此，齐国还得帮助卫国重建一个新的都城。齐国在帮助邢国迁都的第二年春天，由管仲设计与筹划，并邀请几位诸侯共同派人在漕城附近一个名叫楚丘（今河南滑县东）的地方，给卫国建了一座新都城。卫国君臣、百姓高高兴兴地迁到了新都楚丘。这样，以楚丘为中心，卫国又逐渐繁荣起来。

　　存邢救卫是管仲的两大功业，它阻止了北方游牧民族戎狄对中原的进犯，对保障黄河流域先进的经济、文化起了巨大的作用。

与 楚 相 争

　　春秋以来，楚国并吞了许多小国，成为当时土地最辽阔的强国。楚国在西周时一向被中原诸国视为蛮夷之国，很少参加中原的活动。楚国地大物博，发展很快，春秋前期已经成为一个非常强盛的南方大国。楚国的君主自称为王，并经常派兵北上威胁周王朝与中原各诸侯国的安全。齐桓公时楚国的君主楚成王，是一位很有作为的君主。楚成王为了和齐桓公争夺霸主的地位，派军队攻打距离楚国最近的郑国。郑国向齐国求援。

齐桓公汇聚群臣商议救郑的方略。管仲说：救郑不如伐楚，楚败，郑围自解！桓公说：伐楚必然要大会诸侯，而大会诸侯，楚国必然会有防备，有取胜的把握吗？管仲道：蔡国叛齐从楚早该问罪，我们就以讨蔡为名，实则伐楚，这就是兵法上所说的"出其不意"。原来蔡穆公曾将妹妹嫁给齐桓公，蔡姬得罪了齐桓公，桓公将她送回了蔡国。蔡侯非常生气，就将蔡姬再嫁给了楚成王，桓公由此痛恨蔡侯。

君臣商议一定，就派人分头约宋、鲁、陈、郑、卫、曹、徐诸国，定期起兵在蔡城相会。前656年正月，按照约定的起兵时间，齐桓公任命管仲为大将，与隰朋、宾胥无、鲍叔牙、公子开方、竖刁（或作竖貂）等率三百辆兵车和一万名甲士分队进发。竖刁请求率军先偷袭蔡国并汇集各路诸侯，桓公同意了。蔡国因为有楚国做靠山没有任何防备，等齐军到时才聚兵守城。蔡侯在城上看到领兵的是竖刁，知道此人是贪财好利的小人，便让人悄悄给他送了一车金帛。竖刁接受了贿赂，便将齐桓公会合诸侯救郑的军事机密泄露给了蔡侯。蔡侯大惊，当晚就带领宫眷逃往楚国。百姓也四处逃亡。

楚成王听了蔡侯的报告得知齐国正在实施一个针对楚国的大计划。他立即将攻郑的军队撤回，又调集各地的兵马，拜令尹子文为大将，沿汉水严密设防，同时派屈完为使者去见齐桓公。

　　齐、宋、鲁、陈、郑、卫、曹、徐八国大军聚集蔡境，齐桓公看到蔡人已经溃败，便挥师南下，想打楚国一个措手不及。谁知屈完早已等候在边界多时了。他见八国军到，要求拜见齐桓公。桓公奇怪地问道：楚国怎么知道我们要来呢？管仲答道：看来是有人走漏了消息！偷袭不成，不如就会一会楚使，责以大义，或许能使他们理亏，不战而服。于是管仲乘车而出向屈完拱了拱手。屈完拱手说：听说贵国的军队开向敝邑，寡君派小臣来问一声：贵国在北海，敝邑在南海，一向是风马牛不相及的。不知您怎么来到我们楚国的地界，敢问这是什么缘故？管仲答道：过去周成王将我们先君太公封到齐地，并命令说东起海滨，西到黄河，南到穆陵（**今山东临朐东南大岘山**），北至无棣（**今山东无棣**），诸侯如犯有罪过，可以去征讨他们，以辅助周室。楚国本应向王室进贡苞茅，让天子在祭祀时有东西缩酒，可是许多年都不见楚国进贡了，天子让我们来问清缘故。再者，当年周昭王南征淹死在汉水里，究竟是怎么回事？楚国也应该有个交代！屈完不慌不忙地答道：没有进贡苞茅，是我们的不对！至于昭王淹死的事，你还是到汉江边去问问吧！言毕掉转车头就走了。

管仲对桓公说：楚人性格倔强，看来必须进兵威逼他们！于是八路大军同时进发，直至陉山（今河南漯河东）。不远处就是汉水，一江碧水横亘在楚国的边界上，各国将士跃跃欲试，都想渡江一战，与楚决一雌雄。管仲却让各军在陉山驻扎，以观楚人动静。诸侯们不解地问道：逗留不进，岂不贻误战机？管仲道：本拟偷袭，所以兵贵神速！无奈计划泄漏，战机早已失去，急进无益。不如远远摆好阵势，楚人见我们军容盛大整齐，害怕我们，就会派使者重新与我们和解的。诸侯听罢，将信将疑，议论不一。

面对八国大军，楚国派大将子文在汉水边扎营，做好迎战准备。但由于敌人众多，只是防守，不敢贸然出击。子文对楚成王说：齐桓公和管仲都精通兵法。现在八国大军驻扎汉水边，用意深不可测。不如先探听一下虚实，或战或和，终需心中有数才是。于是成王派屈完再赴齐营，相机行事。

管仲对桓公说：楚使又来一定是请求修盟，君王应以礼相待。屈完拜见齐桓公说：楚国因为没有进贡苞茅，劳君侯远来责问，寡君已知罪了。如果君侯肯退兵三十里，寡君怎敢不听从您的命令呢？桓公也忙笑道：大夫能辅佐楚王履行朝贡之职，按时纳贡，我们还有什么要求呢？当时谈话甚欢，桓公设宴款待屈完并约定了退兵的时间。

齐桓公的八国大军按照约定的时间后退三十里，楚国也派屈完带了一车苞茅送到召陵并和齐国正式订立盟约。桓公一边招待屈完一边验了苞茅，请屈完带回让楚国直接进贡给周天子。宴罢闲坐，桓公突然问道：大夫可曾见过中原的兵马？屈完道：微臣自幼生长南边，地方偏僻，哪里有幸见过中原的大军呢？桓公于是亲自携屈完登上一辆兵车去观看军容。只见各国兵马分据一方，上下联结数里，行至齐军阵前，忽听队中一声鼓起，其他七路大军也一齐击起鼓来，真如雷霆万钧，其声震百里，惊天动地。桓公喜形于色，歪过头来对屈完说：寡人有这样的军队，还愁打不了胜仗吗？屈完微微一笑，不慌不忙地答道：君侯上尊天王，下助弱小，所以今天才成为霸主。以德安抚诸侯，谁敢不从？如果恃众逞强，楚国有方城山为城墙，这汉水不就是护城河吗？全国同心固守，君侯纵有百万之众，恐怕也难以取胜呢！桓公听罢大笑，将手放在屈完的背上亲昵地说：大夫可真是楚国的人才啊！我愿同贵国交好，订盟罢兵。当夜屈完和齐桓公一起在齐营中休息。第二天，由屈完代表楚国和八国订立了盟约，这就是历史上著名的召陵之盟。从此，楚国北上的势头终于暂时得到遏制。

葵 丘 会 盟

周惠王的皇后原为姜氏，生子名郑，已立为太子。姜氏突然得病去世了，便由妃子陈妫继为皇后，史书上称为惠后。惠后也生有一子，名叫带。这母子二人工于心计，善于逢迎，因而王子带深受周惠王的宠爱，朝中呼为太叔。太子郑失去了母亲也就失去了内援。惠后却能在枕边耳畔百般滋润，逐渐地周惠王便有了废嫡立庶的念头。太子郑自然有所察觉，只是无可奈何，整日独自发愁，以泪洗面。

就在太子郑无计可施之时，恰巧齐国的大夫隰朋到周王室来报告召陵之盟的事情。他汇报完之后顺便向周惠王请求要见一见太子郑。这一要求按理来说是非常正常的，也是合情合理的，但隰朋却看到惠王满脸的不高兴，似有难言之隐。尽管不高兴，惠王却又不敢得罪大国的使者，只好让太子郑与王子带一起出来拜见隰朋。惠王在介绍时，主要夸奖了王子带多么聪明能干，对太子郑却没有任何介绍。聪明绝顶的隰朋见此光景，心中早就明白了八九分。回到齐国后他对齐桓公说：天子偏爱王子带，太子郑的位置恐怕保不住了，这样，周室又将要乱了！桓公听罢心中不悦。他说：为了王位继承问题，王室已经发生了几次内乱，难道这样的悲剧还要重演吗？于是他召来管仲商议弭乱的对策。管仲说：世子不被周王喜欢，处境危急，同党之人必然很少。您可以上表天子，请太子出来参加诸侯的盟会。太子的名字一旦写进盟书里，君臣的名分就确定了，周王想废立也就难！桓公按照管仲的意见派人约定各国明年夏天在卫国的首止（今**河南睢县东南**）会盟。同时再次派隰朋入周，对周惠王说：诸侯们都希望一睹太子的风采，请太子亲临盟会以表达诸侯们的尊王之情！周惠王虽然不想让太子郑参加盟会，但因齐国势力强大，隰朋说得又名正言顺，无法拒绝，所以只好答应了。

第二年（前665）春天，齐桓公派人先在首止修筑行宫以待太子驾临。八月初一，秋风送爽，瓜果飘香，齐、宋、鲁、卫、陈、徐、曹、郑等八国之君，齐集首止。齐桓公率领各位诸侯和太子郑一起登坛。桓公对太子行礼，太子郑一再谦让，坚持要用宾主之礼相见。桓公说：小白等愧在封国，见世子如同见王，怎敢不行稽首之礼！于是桓公率八国之君歃血为盟，盟辞说："凡我同盟，共翼王储，匡靖王室。有背盟者，神明殛之！"太子郑作揖及地，十分感谢诸侯的拥戴大恩，众人慌忙沿阶而降，再拜于坛下，对太子行稽首之礼。第二天，太子郑整驾返周，八国诸侯率领车徒护送，齐桓公与卫侯又一直送出卫国国境，方才拱手，互道珍重，依依而别。周惠王见诸侯们都心向太子，废嫡立庶的念头就只能打消了。不久，周惠王病死了，齐桓公又应王子郑的邀请派隰朋率领各国大夫入周，会同王朝卿士共同拥戴太子郑继位，这就是周襄王。

周襄王元年（前651）春祭之后，周襄王突然想起齐桓公安定王室的巨大功绩，想到自己之所以能保住太子之位，能继位为君，全凭齐桓公的巧妙安排与周旋，没有齐桓公，也就没有我周襄王。想到这里，他便唤过太宰周公孔来，要他作为自己的代表，把献于文王、武王灵前的祭肉分出一块赐给齐桓公。按照当时的风俗习惯，这可是一种莫大的荣耀，所以早有探事者向齐桓公通报。桓公决定乘机大力宣传，向天下夸耀。于是分头约请诸侯齐聚葵丘（今山东淄博境），举行盛大的迎接祭肉的仪式。

相会之日，衣冠济济，旗帜如林，环珮铿锵，鼓声雷鸣。诸侯们先让天子使者登坛，然后依次而行。坛上设置了天子的虚位，诸侯面北拜稽如同朝见天子一般，然后依次就位。太宰周公孔捧着祭肉面东而立，传达新王的命令说：天子祭祀了文王与武王之庙，让小臣孔赏赐伯舅一些祭肉。齐桓公准备下阶拜谢、接收祭肉，太宰孔赶忙制止说：天子有命，因伯舅年迈，多加慰劳，无须下拜！桓公正准备照此去做，管仲在旁低声道：天子对臣下谦逊，臣下更应对天子尊重才是。桓公立即领悟了管仲的用意，赶忙大声对众人道：尽管天子体恤臣下，但小白始终不敢忘记自己的身份，倘若不敬天子，上帝的惩罚就不远了。桓公疾步走下台阶，再拜稽首，然后再登坛领受祭肉。诸侯们见桓公如此有礼，尊重天子，会场的气氛变得更加肃穆。与祭肉同赐的还有彤弓矢和大路。彤弓矢原是指红色的弓和箭，大路是指诸侯入朝周天子时乘坐的大车。在周代，这些都是天子最高军事指挥权的象征。襄王用这些赏赐齐桓公，表明周王朝已经正式承认齐桓公在诸侯中的领袖地位。这表明齐国的霸权不仅得到了周王朝的正式承认，也表明其霸权达到了顶峰。

齐桓公深切地感受到自己的威望已达到了巅峰，于是又率领诸侯重订盟约，要各诸侯共同遵守，盟辞的主要内容是：不准堵塞泉水，不准囤粮不卖，不准废嫡立庶，不准立妾为妻，不准妇人参政，不准杀戮大夫，不准赏而不报盟主，等。这些规定有利于加强各国之间的团结互助，也有利于安定各国内部的统治秩序，因而诸侯们都乐于接受，大家一齐立誓说：凡我同盟，言归于好，订盟之后，共遵约束，毋背盟约！

齐桓公回到临淄后，感到功德圆满，该享受享受了，于是大建宫室，务求壮丽。凡乘舆服饰一切用器皆如天子，国人多议论他僭越。管仲见此，也在府中筑台三层，号为"三归之台"，意思是说，民人归，诸侯归，四夷归。又立塞门，以隔内外。设置反站，以待列国使臣。鲍叔对管仲这些僭越的做法感到不解，就问管仲说：君王奢侈你也奢侈，君王僭越你也僭越，不应该吧！管仲道：人主辛劳建功立业，也图快意为乐。如果总用礼法去约束他，他就会生懈怠之心。我之所以这样做，就是为国君分谤啊！

病 榻 论 相

管仲病重之时，齐桓公亲自去探望。只见他双目无神，瘦得皮包骨头，病情十分危重。桓公知道管仲不行了，握着管仲的手说：仲父怎么竟然病成这样了？如果不幸，寡人可将政务托付给谁啊？

这时，宁戚、宾胥无这两位著名的大臣已先后去世，所以管仲感叹说：可惜啊，宁戚死得太早了！

除了宁戚，就没有别人了吗？鲍叔牙这个人怎么样？桓公心想，鲍叔牙是元老重臣，功勋卓著，和仲父私交又好且有恩于仲父，他肯定会同意的。不料管仲却说：鲍叔牙确实是一位道德高尚的谦谦君子，尽管如此，他却不适宜为相。他这个人善恶过于分明。喜欢人们正直善良的一面，这是对的，但是如果对人们的错误与缺点难以容忍，就难以和别人和睦相处啊！鲍叔牙见到人的一点错误和缺点就会终生难忘，这是他的短处啊！水至清则无鱼，人至察则无徒。做相的人度量不大一些是不行的。

齐桓公认为管仲说得有理，便问：仲父看隰朋怎么样呢？管仲道：隰朋为人谦虚，遇事不耻下问，又能公而忘私，做相是可以的。过了一会儿，他又长长地叹了一口气，自言自语地说：天生隰朋来做我夷吾的舌头。我身死之后，舌头又怎么能独自存在呢？恐怕您任用隰朋不会有多长的时间啊！

齐桓公道：既然这样，那么易牙如何呢？管仲说：您即使不问，臣也要说到他。臣请求您一定不要信任重用易牙、竖刁、开方这三个人。

易牙原来是桓公身边的一位普通臣子。他知道要爬上高位，国君的信任是不可少的，便想尽一切办法接近桓公。他有一手高明的烹饪技术，先是做了许多美味的菜肴，送给桓公的宠姬吃，然后再通过这位宠姬接近桓公。

所以桓公说：易牙听寡人说过世间的东西，只有人肉还没有尝过，于是他就将自己刚刚三岁的儿子蒸了给寡人吃，来满足寡人的口福。这样的人爱寡人胜过爱自己的儿子，难道还可以怀疑他吗？管仲说：人情没有不爱自己的儿子的。他连自己最心爱的小儿子都忍心烹掉，怎么会对您忠诚呢？

这样残忍的人是有野心的啊!

桓公说:那么竖刁不惜阉割自身来侍奉寡人,这是爱寡人胜过爱自己,还可以怀疑吗?管仲道:人没有不爱惜自己身体的。像他这样不惜自残身体来换取亲近您的机会,这样的人心里有什么打算,还不值得警惕和深思吗?

桓公又问:那么,卫公子开方放着千乘之国的太子不做,而千里迢迢来侍奉寡人,是寡人所宠信的人。他的父母死了都没有回去奔丧,是爱寡人胜过爱父母,应该是没有可以怀疑的了吧!管仲道:人间感情的亲密莫过于父母与儿女了。他连父母都可以不顾,这种无情无义的人,怎么会真心爱戴您呢?况且,千乘之国是人人希望得到的,抛弃千乘之国而投靠您,大概是他所期望的比千乘之国还多呢!您一定要疏远他们,不要亲近,亲近了一定会使国家大乱的!

桓公不解地问道:这三个人侍奉寡人已经很久了,怎么平常没听仲父说过呢?管仲道:臣没有讲是因为他们可以充实您生活的乐趣。这三人就像水,臣就像一道堤坝。河岸的大堤挡着,洪水就不会失控。臣管理政事的时候,总控制着他们,不让他们为非作歹。现在大堤要垮了,洪水就要泛滥了。您一定要当心啊!

桓公默然无语,心事重重地辞别管仲。

桓公的随从将管仲的话告诉了易牙,易牙气急败坏地马上跑去找鲍叔牙。他说：老将军啊，谁不知道您是管仲的恩人啊？可如今管仲病了，主公去看望他，打算让您做相国，谁知管仲却恩将仇报，说了您一大堆坏话，推荐了隰朋，臣真替您抱不平呢！

易牙自以为鲍叔牙听了这番话会气得要命，恨死管仲的。谁知鲍叔牙反倒哈哈大笑说：这正是微臣推荐管仲的原因啊！他公而忘私，不讲私人交情。如果让我做司寇，驱逐那些谗佞之人，则绰绰有余；若让我为相，那么像您这样的人在哪里容身呢？易牙碰了一鼻子灰，满面羞愧地溜走了。

身 死 国 乱

周襄王七年（前645）春天，为自己的理想，为齐桓公的霸业呕心沥血、奋斗一生的管仲与世长辞了，享年八十余岁。

管仲去世后，他的建议被齐桓公采纳，隰朋被任命为相。不料，没过一个月隰朋也病逝了。桓公感慨道：仲父难道是圣人吗？怎么知道我任用隰朋不会多久呢？于是他请鲍叔牙为相，鲍叔坚决推辞。桓公道：现在朝廷里您是我最信任的人了，您若推辞，那么让谁来为相呢？

鲍叔牙说：臣喜欢正直善良之人而憎恶邪恶阴险之人，

这一点您是知道的，主公一定要任用臣的话，请先疏远易牙、竖刁、开方，这样臣才敢遵命。

桓公说：仲父已经说过此事，寡人怎敢不答应！当天桓公就将这三人赶走了，并且不许他们再入朝，鲍叔牙这才接受了相国的任命。鲍叔牙做了相国之后，继续执行管仲的政策，所以诸侯们还能继续尊齐国为霸主。

齐桓公将易牙等三人从身边驱逐之后，总觉得食不甘味，寝不安席，终日露不出一个笑脸来，感觉生活失去了滋味。长卫姬看着心疼就寻机进言道：您赶走了易牙等人后，国家并没有比以前治理得好，而您的脸色却一天比一天憔悴。臣妾想可能是因为左右侍奉之人不能体察您的心情吧！为什么不把他们重新召回来呢？

桓公沉吟片刻，回答道：既已逐去，复又召回，寡人怎么对得起仲父呢？再说鲍叔也不会同意的呀！长卫姬说：鲍叔牙身边难道没有侍候的人？您已经年迈了，怎能这样苦自己呢？要是怕人议论，不妨先以照顾饮食为名召回易牙吧！桓公点头同意，长卫姬立即派人将易牙找了回来，让他重新为桓公负责烹饪。鲍叔牙看到易牙又回到了宫中，十分气愤，他对桓公说：您难道忘了管仲的遗言了吗？怎么又召回了易牙呢？桓公道：寡人离开他之后，食不甘味。再说他们对国家也并没有什么危害啊！仲父的话大概言过其实了吧！

鲍叔知道局面已经无力挽回了，所以不久也忧郁而死。

鲍叔和隰朋相继死后，易牙、竖刁和公子开方又都重新被召回来了。这三个小人看到桓公老迈糊涂，于是专权行事。他们行事顺我者昌，逆我者亡，和长卫姬相互勾结，企图拥立长卫姬所生的儿子公子无亏为君。周襄王九年（前643）桓公病重，易牙估计桓公的病难以治愈了，便同竖刁、开方等商议出一条计策。他们在宫门外悬挂一牌，假传桓公之命，上面写道："寡人有怔忡之疾，恶闻人声。无论群臣百姓，一概不许入宫。让竖刁紧守宫门，雍巫率领宫甲巡逻。一应国政，俱俟寡人病愈后奏闻，不得违命！"他们把住宫门，只让公子无亏住在长卫姬宫中，其他公子探病，一概不许入内。

过了三天，桓公还没有死，易牙将桓公左右的人，无论男女，全部赶出宫外，将宫门堵上。又在桓公寝室周围筑起高墙，将内外隔绝，只在墙下打了一个小洞，早晚派一名内侍钻进打探生死消息。可怜桓公躺在床上，起身不得，呼唤左右，无一人答应，渴不能饮，饥不得食。他大骂易牙等三人。最后只能有气无力地长叹道：仲父不是圣人吗？圣人所看到的，难道不远吗？寡人昏暗不明，应该有此下场！苍天啊，苍天！小白就这样死去，有何面目在地下见仲父呢？话毕，衣袖掩面，气绝身亡。

桓公死后，众公子得知消息，不去发丧掩埋逝者，而为争夺君位互相攻打，哪里顾得上死在宫中的齐桓公！易牙、竖刁、公子开方等赶走世子昭，拥立公子无亏后才安排殡葬。这时，齐桓公的尸体在床上已经停放了六十七天，尸虫一直爬到了门外，恶臭弥空！

齐桓公没有听从管仲的临终遗言，最终导致了齐国的内乱与自己可悲的结局。这一教训可谓惨重啊！

管仲与《管子》

《管子》和先秦诸子著书一样，因管仲而得名。以人名作为书名，这是先秦诸子书常用的方法，《老子》《庄子》《孟子》《荀子》《韩非子》《孙子》等无不如此。

《管子》既然以管仲而得名，说明《管子》与管仲有密切的联系。因此，汉代以前，一般认为《管子》的作者是管仲，如韩非子、贾谊、司马迁、刘向、班固等都认为《管子》一书是管仲所著。历代的官修史书也认为是管仲所著。但是，到西晋时代，傅玄首次对管仲著作说提出了异议。他认为，《管子》一书只有一部分为管仲所著，绝大部分为后人所加而非管仲自著。从此以后，唐代的孔颖达、宋代的叶适、朱熹等学者认为，《管子》一书不是管仲的自著而是后人的假托。

《管子》虽非管仲自著，但也绝非后人伪托，它是春秋到战国末年齐国历代推崇管仲功业的学者的著作总汇。这些推崇管仲功业的学者可以称之为管仲学派。管仲去世后，由于他的赫赫功业与长期作为齐相、号称仲父的崇高地位，他的理论与言行在当时即为人们所重视，被齐国的史官记录下来，当作学习的楷模与教育后人的材料而流传于世。《管子》保留了管仲的遗说与管仲的言论等原始材料。由《管子·霸形》可知，管仲的言论在当时即已被大量地载入齐国的国史，成为国家档案或者可以称之为"官书"。

管仲在当时即已是闻名天下的人物，他的言论行动即已为世人所重视，而管仲的改革与治理齐国的一系列政治措施，必然为齐国的史官所重视。因此，齐国的史官记录管仲的改革措施与政治法令以及治理齐国的功绩也是自然而然的事。管仲的后学将这些记录在管仲去世后整理成书也是有可能的。所以，今天我们看到的《管子》一书中，记载着管仲改革与治理齐国的一系列措施也是可以理解的。因此，章学诚在其《文史通义》中说："春秋之时，管仲尚有书矣，然载一时之典章政教，则犹周公之有官、礼也。记管仲之言行，则习管氏法者所缀辑，而非管仲所著述也。""习管氏法者所缀辑"的《管子》一书，尽管不是管仲的自著，但记录了管仲的所言所行与管仲的思想理论，因此，它和《论语》记录孔子的言行而非孔子的自著一样，具有较高的史料价值。

《管子》一书中的绝大多数作品当是管仲后学阐发管仲遗说之作，是由其弟子和后学代代相传，从春秋到战国陆续完成的。这些弟子与后学代有其人，因此在齐国形成了一个以崇尚管仲功业，推崇其理论，阐述与发扬其思想的管仲学派。这一学派的传授方式与先秦其他学派一样，首先是口耳相传，到后来才可能在齐国国史与档案纪录的基础上进行整理，再根据口耳相传，著于竹帛。管仲的时代，尚未出现私学，仍然是所谓"学在官府"的时代。当时传授官学的是"官人百吏"，而学习传授的目的是"持王公""取禄秩"。传授的知识内容范围只限于官方现行的法规、政令、政治措施等统治之术。管仲身为相国，号称"仲父"，他的言论与思想，关乎齐国的法令、政策、治国措施、改革路线等军国大事。这些自然是"官人百吏"学习、研究和传授的内容，从此也成为齐国"官学"所传授的主要内容。所以，《淮南子·要略》说："桓公忧中国之患，苦夷狄之乱，欲以存亡继绝，崇天子之位，广文武之业，故《管子》之书生焉。"据此我们推测，在管仲身后不久，齐国便可能出现了传授管仲思想的学说与文章，只是当时并没有著于纸帛，而是口头流传。正因为是口耳相传，为了适应这一传授方式，以便于记诵，早先的著述多采用韵语的形式传授经文，而用口语予以解说。如《管子》中的《牧民》《版法》《心术上》《内业》《形势》《七法》等等，韵语较多。

春秋中期以后，虽然齐国的霸业日益衰落，但管仲的思想学说与言行事迹却被管仲学派一代一代传授下来。据《晏子春秋》的记述来看，春秋末期，齐景公便经常以恢复桓、管霸业自诩。他要求晏婴"继管子之业，遂武功而立文德"，而晏婴则可以一一列举桓、管霸业以谏景公。由此可见，他们对管仲的思想、学说、言行都十分熟悉。不仅如此，春秋末年，管仲的思想学说不仅在齐国广泛流传，而且在其他诸侯国也广为流传，如鲁国的孔子就和他的弟子多次谈到管仲，并对管仲的功业及其人品做过较多的品评。这说明至春秋末期，管仲学派已经整理、编辑有《管子》的文章流传于世。

《管子》主要记录与阐发管仲的思想、言行。由于管仲本身是一位政治家而非学者，因此这部书以经世治国为核心，涉及政治、经济、军事、法律、教育、农业、水利等各个领域，兼容了儒、道、法、兵、阴阳、五行等各学派精华，具有全面性、兼容性、复杂性的特点，是一部治国安邦的百科全书。

《管子》一书为西汉刘向所编定。刘向校书时共搜集到各种《管子》书五百六十四篇，校除重复的四百八十四篇，定著八十六篇。现在的《管子》已亡佚十篇，只有七十六篇。

第 4 章

法 天 象 地

　　哲学思想是时代精神的精华。《管子》作为一部重要的先秦子书，表现了对宇宙本体的执着探索精神。无论在哪个民族的神话中，人几乎无一例外都是神的产品，人是天地的一部分，人不可能不和天地同呼吸、共命运。于是，从远古先民到春秋时代的先哲们，都无一例外地展开了对于天地的探索。从"法天象地"的神秘到"天道自然"，人们对于天地与自然界的探索进一步深化了，这是人类对于自然界认知的一次巨大飞跃。《管子》对于天地与宇宙自然的探索标志着人类认识的前进步伐。

尊 天 事 神

在中国历史上，夏王朝的统治者为了维护其特权地位，对奴隶和平民实行思想钳制，编造了受命于天的神话，标榜夏王朝是受天命而建立的，受到天帝的庇佑，所以，整个夏朝社会"率民以事神，先鬼而后礼"（《礼记·表记》），将尊天事神贯穿于一切社会活动中。但是，夏桀的荒淫无耻、残酷杀戮终于激起了天怒民怨，上天不但不再庇佑夏王朝，最后商汤推翻了强大的夏王朝的残酷统治。由此人们感慨"天命靡常，不为尧存，不为桀亡"。

进入殷商时代之后，迷信的空气依然浓烈地弥漫着。商朝社会生活的各个领域、各个方面无不弥漫着迷信色彩。上至朝廷政治决策、军国大事，下至修屋奠基、婚丧嫁娶，在日常生活中，事无巨细，都要先卜而后行。那些专门从事卜迷信活动的巫史们，甚至还要将占卜的具体日期、占卜的事件都记录在案，有时将问卜的人和地点也记录下来。因此，商朝遗留下来的甲骨文，绝大多数是卜辞。从这些卜辞当中不难发现，商朝宗天的思想观念是那样浓烈而广泛。商朝的统治者在夏人"尊天事神"的基础上，又制造出至高无上、主宰一切的"帝"，宣称"帝立子生商"（《诗经·商颂》），认为他们的祖先是天帝的儿子。他们的先祖契是简狄在春天郊游的时候，吞食了玄鸟留下的蛋而降生的，所以，他们的祖先契便是上帝的儿子。这样，天与祖在商朝人那里便是合二为一、密不可分了。商朝人尊祖尚鬼，诚惶诚恐地奉祀着天神、地祇、祖先、人鬼。他们相信大千世界中这些神灵与祖先一起，都在到处游荡着、监视着他们的所作所为，随时随地惩罚、训诫那些作恶的人、不敬奉神明的人。于是他们时时处处怕得罪了神灵遭到报应，为了取悦各种神灵，商王除了日复一日虔诚祭祀之外，甚至残酷地屠杀奴隶用于各种祭祀。祭天、祈雨、陵寝竣工、新居落成等等，杀牛宰羊还不足以表达诚意，还要斩杀无数奴隶，摆出各种臣服的姿势埋在陵墓中作为陪葬，以此来消灾避祸。当然，商朝人之所以敬天尚鬼，是由于他们对于自然界和自然现象了解很少。那时的人们对就连今天看来最平常不过的日出日落的自然现象也感到神秘无比。他们每天都要迎接日出，恭送日落。既然整个社会都对神灵敬畏不已，那么在人们的心目中，天与祖的神圣不言而喻，商朝人自然而然地便将这神圣的花环套在祖先的脖子上。这样，殷商政权在世俗中就同样具有神秘的力量：殷王是天之子，他想干什么就可以干什么，那都是天意。然而，天神祖先虽然神通广大，怎奈无知的百姓最终还是要说话的，民心的向背最终还是导致了殷纣王被埋葬在酒池肉林中。

周代商而立后，周统治者为了加强对被征服的异族以及平民和奴隶的统治，继承了君权神授的观念和祭天祀祖、敬事鬼神的宗教传统。因此，他们也承认"天帝"的至上神地位，并通过问卜求知，将上帝的意志、命令作为行动的依据。但是，周人吸取殷亡的经验教训，认识到了民在社会大变革中的巨大作用，从而提出了"以德配天""敬德保民"和"明德慎罚"的一系列原则，主张从民心民情中认识、体察天意。但是，随着西周末年奴隶制的日益衰落和各种社会矛盾的日益加剧，天命神权观念渐渐失去统治人心的作用，德与命的分离使人们对天的公正无私失去了信心。没落奴隶主贵族的怨声，从奴隶主贵族中分化出来的知识分子对统治者的讽喻，以及平民和奴隶的抗争之声汇成了一股怨天尤人、否定天命、重视人为的思潮。人们由怨恨"昊天不平"到咒骂天"不骏其德"；由怀疑"如何昊天，辟言不信"，到断言"下民之孽，匪降自天"，终于公开大胆地否定了天的权威性。这在《诗经》"变雅"中多有表现，如《诗经》中《桑柔》《瞻卬》《召旻》《南山》《雨无正》等。这种德与天分离的社会思潮引发了两种思想后果。其一，既然天不公义不惠，不能赏善罚恶，不能根据人的德行而授之以命，那么，它就不再是具有任何道德意义的至上神，而只能是一种自然的天，这就还天以本来面目，为人们认识和利用天及天之自然，提供了世界观前提。其二，既然天德分离，"德"摆脱了对于"天"和"命"的附属，获得了独立的意义，那么人们对于"德"的崇尚，便逐步演化为对于人的本性、人格以及人生完满性的追求。对于人生的珍重、对于德的追求以及将德在社会生活中普遍化，提升个体与人类生活层次和精神境界的努力，便引发和孕育了管仲的以人为本思想与儒家民本思想。

无私无亲的天

春秋时代的管子初步认识到天的自然本性，从而抛弃了作为意志表现的"天"的观念，认为天与地一样都是一种自然存在，并不具有至上性和神性。管子说："如地如天，何私何亲？如日如月，唯君之节。"（《管子·牧民》。以下凡《管子》之文只注篇名）天只是一个自然存在而已，它不会去亲近谁疏远谁，并无徇私偏袒；地也同样不会有亲疏之分，只要辛勤耕作就会有收获。管子认为："万物之于人也，无私近也，无私远也。巧者有余，而拙者不足。其功顺天者，天助之；其功逆天者，天违之。"（《形势》）万事万物对于人来说也同样无所谓远近亲疏，善于琢磨事物奥妙的就会得到更多的东西，而笨拙的人连养活自己也感到困难。也就是说，如果顺着"天"固有的自然属性，春来播种，夏来除草，施之以肥，辛勤管理，那么秋来肯定就会有好的收成。春不耕种，夏不劳作，那么"天"也自然是不会助你成功的。

"天"无私无亲，按照自己的客观规律在运行，它不以人的意志为转移，所谓"天也，莫之能损益也"(《乘马》)，天并不因为人们想让它下雨就会下雨，想让它晴朗它就晴朗；人无法左右天干什么不干什么。它不会有任何感情，也没有任何思想。你因为山崩地裂、天摇地动而咒骂它，它也不会失去什么，不会因为你的诅咒而停止；你因为久旱逢甘霖而喜形于色，因为五谷丰登而感谢上苍，"天"也照样不会眉飞色舞，手舞足蹈。于是，管子否定了以德配天说，恢复了天的自然属性，使人类的认识向前跨了一大步。

管子总是喜欢将天与地对举，只言片语中反映出他已相当自觉地将"天"作为自然之物来看待。"日月不明，天不易也；山高而不见，地不易也。"(《形势》)日月不明亮，这是天空不清澈的缘故；山高看不见，这是地不平的缘故。这种认识突破了以往将"天"作为有意志的存在的局限，而将"天"视为和"地"一样的自然存在。如果说天距离人们过于遥远，跃起难以触摸，瞪大眼睛也无法穷尽，高不可攀，广大无边，那么"地"与人的联系、与人的关系就密切多了。人就真真切切地站立在地上，只要一弯腰就可以触摸它。大地不但是我们的家园，更供给我们食物，是我们衣食住行所在；那辽阔肥沃的平原，那茂盛的森林，那高耸入云的大山，那广袤无垠的草原，那浩瀚的大海，那奔腾不息的江河，那赏心悦目的鲜花，那无尽的宝藏……都是人类赖以生存的资源，它和人是那样亲密，又是那样可爱。管子将天地对举，无疑在说明天和地一样，并无神秘之处，并不可怕，天只是一种客观存在，并不具有什么宗教意义。乌云密布，日月尽隐，狂风暴雨，天还是天，并不是天在发怒。春来草长，莺歌燕舞，鸟语花香，也并不是天有什么喜事，而是自然而然的。人只要按照四时辛勤耕作，就会有好的收成，获得收获的喜悦。管子说："不务天时则财不生，不务地利则仓廪不盈。"（《牧民》）在《管子》中，天已经失去了以前的宗教迷信色彩，天与地一样，并不是有意识的神灵，而是一个无意识的、无知无欲的物质客体。天没有感情意志，任凭万物自生自灭，这样就为人们进一步探求天地的自然属性和规律提供了前提。因为，当天的人格性、宗教性与神秘性被剥离之后，它自然就被当作与人相对而存在的矛盾的另一面了，也就成为人们认识与探讨的对象了。

天 道 自 然

"天道"一词在《诗经》《易经》《尚书》中尚未出现，而在《管子》中出现了二十二次。此外，《管子》中"天之道"出现了十二次。可见《管子》中的"天道"观念是比较突出的。《管子》之前，《左传》《国语》为较早使用这一概念的古籍。《左传》庄公四年曰："楚武王荆尸，授师子焉，以伐随。将斋，入告夫人邓曼曰：'余心荡。'邓曼叹曰：'王禄尽矣。盈而荡，天之道也。'"所谓"盈而荡"大概是指月亮盈亏之类的自然规律，但邓曼却将它与心跳和王禄将尽联系起来。这种"天道"观念依然还没有摆脱占星术的束缚。《国语·周语上》记载了周定王时期单襄公援引"先王之令""天道赏善而罚淫"的话，此处"天道"显然是"天命"的同义语。可见，在管仲所处的春秋早期，"天道"并未完全被看作物质性的自然规律。管子明确指出"天道"是自然无形的，并非感性所能认识的，提出"藏之无形，天之道也"（《形势》）。这一精辟见解将事物发展规律同事物本身区别开来，是人们认识的一次深化。

管子意识到"天道"具有不以人的意志为转移的客观性特点。人们认识和掌握天道是为了使自己适应天道的变化规律，而不去强行改变它、违背它。因循天地的自然规律是国家长治久安的治世原则。因此，统治者在治理国家时，一定要遵循法天象地的准则。管子认为："为而无害，成而不议，得而莫之能争，天道之所期也。"(《立政》)这些认识不但撕掉了"天道"的神秘面纱，而且朴素地表达了管子尊重认识客体内在规律性，要求按自然规律办事的科学态度。管子还认为"天道"不可违，否则就达不到目的，提出："欲王天下而失天之道，天下不可得而王也。得天之道，其事若自然；失天之道，虽立不安。"(《形势》)想称王天下而失去天道，是得不到天下也称不了王的。得到天道，自然而然就会成功，失去了天道，即使得到王的地位，有了王的名分，也是长久不了的。管子这里所讲的"天道"就是自然规律。既然"天道"就是自然规律或者说客观规律，所以管子主张人应该法天象地，知天得道，顺从天意，顺从自然规律。《形势》篇中说：人的所作所为顺从于天，天就会帮助他，使他获得成功；所作所为违背了天意，违背了天的本身规律，天就会背弃他。天如果帮助他，那么他就会由弱小变为强大；天如果背弃了他，那么他就会由强大变为弱小，甚至最终毁灭。顺从自然规律的人最终总会得到天的帮助，违背自然规律的就不可避免地埋下了祸根，最终无论如何也是兴盛不了的。是否顺从自然规律，在管子看来，是关乎生死存亡的头等大事。

既然天道就是自然规律，人就应该按自然规律办事，主动运用这些规律，积极地掌握、利用天时地利为人类造福。所以管子主张君主应该按照自然规律即天道行事，多做对人民有益的事情，多做少说，杜绝空谈之风。当然，天道和人道、人事之间是有矛盾的，是相分的。所谓"持满者与天，安危者与人"（《形势》），知盈满亏损则与天道合，因为天道自然，有它自己的规律。盈时便盈，损时便损，是不以人的主观意志为转移的，也没有任何功利性的评判。知安知危，居安思危则与人道合。人道与天道不同，天道自然，只有顺其自然才能获得成功；而人道在人，在人的主观努力，谦恭了、努力了、坚持了就会减少许多怨恨与危机。管子认为："天道之极，远者自亲；人事之起，近亲造怨。"（《形势》）这就是说，上天离人们很远，远了就亲；人们朝夕相处，日久天长就会产生矛盾。对天，人们有时也会产生怨恨但无可奈何；对人，人们怨恨就会采取相应的行动。正由于管子认识到了天与人的区别，看到人与天的联系，所以特别重视天与人的相同、相连以及"天道"与"人道"的统一与结合。这样，管子的天道观揭示了人与自然规律的关系，并提出了所谓"天道自然"的思想，这一观点对后来的道家学说产生了深远的影响。

道为万物之源

道在《管子》中是一个重要的概念，它出现的频率很高，总共出现五百零三次。《管子》在探讨了"天""天道"等概念之后，又进一步探讨了事物运动变化的自然规律，提出了"天道自然"的著名论断。在此基础上，提出了道为万物之源的观点。

道的本意是指人们走的路，后来逐渐引申为事物运动所遵循的轨迹与原则。《左传》桓公六年中记载季梁说："所谓道，忠于民而信于神也。"这是首次将"道"与"民"联系在一起。《国语》等典籍中也有"天道"之类的概念，但是，《管子》之前，道的含义还是十分狭窄的。《管子》已经广泛地拓宽了道的含义与使用范围。在《管子》一书中，"道"不仅具有道路之意，更重要的是具有"常""则"等意义，可做必然趋势与内在联系等理解。道不仅有"天道""地道""人道"这些基本概念，更具有"君道""臣道""为政之道""得人之道""攻伐之道"等社会之理与具体法则的多重含义。具体来说，《管子》认为道为万物之源，它具有如下几个特点：

其一，道具有至高无上性。《宙合》篇中说：道，能通达无上的高处，能详细到无穷的边际，能运用到各种事物上，是行乎无穷的。这就说明道是至高无上的，无穷无尽的。而道可"通"，可"运"，可"详"（通"翔"），表明道不是绝对静止、固定不变的。正由于道永恒运动，才使万物有了勃勃生机。《正》篇认为，万物都发生于一，阴阳的变化都有共同的规律，这就叫作"道"。《心术上》说："虚无无形谓之道"，"大道可安而不可说"。"道在天地之间，其大无外，其小无内"，"道也者，动不见其行，施不见其德，万物皆以得，然莫知其极"。由此可以看出，《管子》将"虚无之道"作为万物本原，它具有至高无上性，和《老子》的"道为天下之母"具有相似性。

其二，道具有客观性。《君臣上》说："道者，成人之生也，非在人也。"道与人的关系是：道是生命之所在，而不是由人所生，人依赖道而存在。"人之所失以死，所得以生也"。(《内业》) 道是不以人的意志为转移的客观存在，人们不管是否认识它，它都客观存在着并始终发挥着它的作用。《形势》说："其道既得，莫知其为之，其功既成，莫知其释之。"这是因为道本来就是客观事物自身的变化。作为普遍规律的道的这种客观性，是对"天道""地道"具有的"莫之能损益"的特性的理论升华。道也是万物生成的根据，《内业》说："凡道无根无基，无叶无荣，万物以生，万物以成，命之曰道。"可见，道在《管子》中，也是客观规律的同义语。

其三，道具有普遍统一性。《形势》说："道之所言者一也，而用之者异。"《形势解》说："古以至今，不更其道。"《戒》篇说："闻一言以贯万物，谓之知道。"《白心》说："道者，一人用之，不闻有余，天下用之，不闻不足。"《君臣上》说："道也者，万物之要也。"道贯通万物，而万物统一于道。道之理虽只有一个，但"其大无外，其小无内"（《心术上》），放之四海而皆准。道也是完整统一的，不可分割的一个整体。它"遍流万物而不变"（《心术上》），"大以理天下而不益也，小以治一人而不损也"（《小乘》）。此外，《管子》中的道，既包括"天道""地道"（在《管子》中出现二次）、"地之道"（在《管子》中出现四次）之类的自然规律，也包括"君道"（在《管子》中出现七次）、"臣道"（在《管子》中出现三次）以及"为政之道""得人之道"（"人道"在《管子》中出现三次）、"人之道"（在《管子》中出现五次）等人间社会之理。由此可见，道具有广泛的普遍性，它无处不在，无处不存。

其四，道具有绝对性与抽象性。《形势》说："藏之无形，天之道也。"《心术上》说："道，不远而难极也，与人并处而难得也。""虚无而无形谓之道。"《内业》说："不见其形，不闻其声，而序其成谓之道。""道之者，口之所不能言也，目之所不能视也，耳之所不能听也。"《心术上》说："道也者，动不见其形，施不见其德，万物皆以得，然莫知其极。故曰'可以安而不可说也'。"正因为道无形无声，不可说不可感，作为一种抽象的存在，它超越了有形有声的万物从而具有统摄一切的绝对性。

其五，道具有可认识性。道虽然是无形无声不可感知的客观存在，但是，人们可以通过一定的途径去认识它、感知它、了解它。《心术上》说："虚其欲，神将入舍，扫除不洁，神乃留处。"这里的"神"，其意大致与道相同。所谓"虚其欲"，就是静观冥想，尊重客观事实，不以主观意志强加于其上，这样就可以认识道，即认识客观规律。

其六，道具有不可违背性。《君臣上》说："夫道者虚设，其人在则通，其人亡则塞者也。非兹是无以理人，非兹是无以生财。大王天下，小君一国，其道临之也。"道虽然是客观的存在，但由于是抽象的规律而不是具体的有形有色的物质，因而是存在于虚处的。如果有贤明的君主出现，能认识它并顺应它，道的运行就可以畅通无阻；反之，道的运行就会受到阻碍。但是，没有道就不能治民，没有道就不能理财。大到统治天下，小到治理一国，都是道在其中起作用。因此《内业》说："道也者，……事之所以败，所得以成也。"人如果能够认识它、掌握它,那么,就会"大道可安"(《心术上》)。

天地之大理

阴阳最初是一对反映事物某种状态和属性的具体概念,本指阳光的向背,并非哲学概念。后来,阴阳逐渐由自然现象演化为一对哲学范畴。伯阳父的阴阳概念,已开始向哲学范畴过渡。《国语·周语》记载伯阳父解释地震发生的原因说:"夫天地之气,不失其序,若过其序,民乱之也。阳伏而不能出,阴迫而不能烝,于是有地震。今山川实震,是阳失其所而镇阴也。阳失而在阴,川源必塞,源塞,国必亡。"伯阳父是春秋初期人,他虽然仍是解释一种具体的自然现象——地震的原因,但其中的阴阳观念已经脱离了阳光向背的原意而具有抽象的一般意义。首先,阴阳作为两种性质相反的力量第一次对举起来,阳的性质是上升,而阴的性质是下降。其次,他认为天地是由气组成的,而阴阳都是天地之气的具体表现,阴气与阳气都有自己的运动规律。再次,阴阳二气的关系是一种动态的结合,它们之间既有"不失其序"的和谐、平衡的一面,又有"阳伏""阴迫"不和谐、不平衡的一面。地震的发生就是由于这两种力量失去平衡所造成的。可见，伯阳父的阴阳概念已开始向哲学意义过渡。《管子》中的阴阳学说正是在这些思想基础上发展起来的。

《管子》首先将阴阳作为一对哲学范畴来使用，认为自然界万事万物的发展变化是阴阳推动的结果。《乘马》篇认为：春夏秋冬是阴阳相互运动的结果，昼夜短长是阴阳作用的结果，日夜更替是阴阳变化的结果。阴阳的运动一般是正常的，即使偶尔不正常，多余时无法减少，不足时不能增加，这是自然现象，没有人能够改变它。这是第一次将阴与阳连在一起明确构成一对哲学范畴，用阴阳的推移、利用、变化和阴阳的"正"与"不正"来说明四季更替、时节变迁、日夜交替等自然现象，说明一切自然现象的变化皆为阴阳推动的结果。这比起伯阳父的解释显然又进了一步。阴阳由原来的分别对举发展为一对完整的哲学范畴；由单纯解释地震现象发展到用以解释普遍的自然现象；由认为地震是由"阳伏""阴迫"的"不正"状态所引起，发展到认为事物运动变化乃是阴阳的互相推移和利用的"正常"运化造成的；这就从以阴阳与气的结合来解释某种异常自然现象，发展为从阴阳与气的结合的形态中抽象出来，将其作为一切自然现象运动变化的内在动力。这显然是一大飞跃。

《管子》进一步将阴阳的变化提升到"天地之大理"的高度，来阐释阴阳主运的思想。《四时》说："阴阳者，天地之大理也；四时者，阴阳之大经也。"认为阴阳法则是自然万物运动变化的总规律，四时的变化是阴阳法则的重要表现形式。所以《乘马》篇认为一切时间的变化都是阴阳推移消长的结果。《形势解》说："春者，阳气始上，故万物生；夏者，阳气毕上，故万物长；秋者，阴气始下，故万物收；冬者，阴气毕下，故万物藏。"这显然是说自然万物在四时中按照阴阳的升降变化而生长收藏。《四时》篇还对春秋冬夏"阴阳之推移"进行了具体的阐述，认为春夏秋冬四时的变化是风、寒、阴、阳四气流转运动的结果，所以说，阴阳者，天地之大理，而四时为阴阳之大经也。这就把阴阳法则作为天地万物运动的总规律而肯定了下来。《四时》又说："刑德者，四时之名也。刑德合于时，则生福，诡则生祸。"就是说统治者的刑罚和庆赏这些政治措施要和四时的变化相配合，相适应，不吻合便会有消极的灾祸。而四时的变化则是阴阳二气衰盛相互转化的结果。因此，阴阳二气的变化消长是自然界最普遍的规律。《五行》说："通乎阳气，所以事天也，经纬日月，用之于民。通乎阴气，所以事地也，经纬星历，所以观其离。"这就是说，把握阴阳二气的变化规律，在于指导人们更好地事天地，改造自然。由此可见，《四时》《五行》都是以阴阳二气的盛衰变化来解释一年四季的变化，强调人的活动必须通阴阳而顺四时，表现出明显的阴阳主运的思想特点。《幼官》又以阴阳二气的交错起伏来说明四季气候的流变，由此规定出统治者在衣食住行和政治方面的具体活动以及农业生产方面的相应措施。春季如果实行冬季的政令，就会出现草木肃杀等等反常的现象，这同样含有阴阳主运的精神。《管子》的阴阳观念对后来的邹衍、《吕氏春秋》和《淮南子》等的阴阳五行思想产生了极为深刻的影响。

第 5 章

政之所兴在顺民心

　　管仲是春秋时期著名的政治家。记录与发挥管仲思想的《管子》一书，包含了极为丰富的政治智慧。这些政治智慧在不同的历史时期具有不同的影响。与坐而论道的思想家和学者不同，管仲是一位政治实践家，他根据齐国的历史与现实情况制定了一系列方针政策，在政治领域进行了一系列卓有成效的改革，使齐国很快富强起来，成为春秋五霸之首。《管子》的政治智慧具有强烈的实践意义，至今仍具有很高的理论价值与现实意义。

复修太公之法

　　管仲是春秋初期著名的改革家。他在政治、经济、军事、礼法等领域全面推行改革并取得了极为显著的成效，为振兴齐国、富国强兵、称霸诸侯打下了坚实的基础。管仲所进行的改革，根据齐国的现实情况与历史渊源，妥善地处理了继承与革新的关系，注重借鉴成功的历史经验，汲取前人行之有效的治国措施，其中最主要的策略就是继承了姜太公的治齐方针，"修旧法，择其善者而业用之"（《国语·齐语》）。也就是对姜太公治齐的成功经验有选择地继承与创新。

　　当初，受封的姜太公初到齐国就遭到当地土著居民——夷人的激烈反抗。针对当时齐地政治、经济、文化都相对落后的具体情况，他采取了"因其俗，简其礼"（《史记·齐太公世家》）的治国方针，收到了非常显著的成效。在民族关系上，他采取了怀柔政策，尊重当地东夷人的风俗习惯，以夷治夷，受到当地居民的欢迎，从而迅速稳定了局势，得到当地人民的拥护。在经济政策上，他针对当时齐地的地理环境与人口很少的现实，不是照搬西周中原地区长期形成的农业经济的模式，而是因地制宜，在尽力改善农业生产环境、促进农业发展的基础上，注重发挥当地的鱼盐资源优势，大力发展工商业，确立了以工商立国的指导思想。在用人上，他提出了"尊贤尚功"的政策，打破了传统的"尊尊亲亲"的用人制度，使贤能的人得到重用，从而提高了办事的效率。

到了管仲的时代，虽然时过境迁，齐国的现实情况已和太公时代有了很大的不同，但是，齐国的地理环境与历史传承并未发生根本改变，太公确立的治齐基本精神仍然符合当时齐国情况。同时，改革不能脱离实际，改革必须汲取前人所创造的一切行之有效的经验。所以管仲继承了太公"因其俗，简其礼""通商工之业，便鱼盐之利"（《史记·齐太公世家》）和"尊贤尚功"的治国策略。所谓"因其俗"就是依照当地的风俗习惯，制定符合实际的政策，强调顺应民心，做到"俗之所欲，因而予之；俗之所否，因而去之"，"与俗同好恶"（《史记·管晏列传》）。这样就会"下令如流水之源，令顺民心"（《史记·管晏列传》）。所谓"简其礼"就是强调政令简易，易于执行。根据民众意愿，确定经济政策、人才政策与军事政策等一系列的治国政策和措施，并易于民众理解与实行。这就是所谓"因民为政"的策略。这些"旧法"自然便于当时人们接受，反映了管仲平稳过渡、稳定发展的稳重、笃实的作风。此外，《史记·齐太公世家》

记载管仲"连五家之兵，设轻重鱼盐之利，以赡贫穷，禄贤能，齐人皆说"。管仲"与俗同好恶"与太公"因其俗，简其礼"的政治策略，"设轻重鱼盐之利"与太公的"通商工之业，便鱼盐之利"的经济政策，"禄贤能"与太公"尊贤尚功"的用人政策，等等，显然都有着明显的继承关系。

当然，管仲对这些"旧法"并不是一概照搬，而是"择其善者"而用之。这就表明他虽然喊"修旧法"，但对"旧法"并不盲从，而是有选择、有甄别地继承。其选择的标准是"善者"。所谓"善者"就是看其是否有利于齐国的社会稳定，有利于齐国的经济发展，是否有利于齐国的"霸业"。即使被选择的"善"的"旧法"，管子也不是无条件地继承，而是要"业用之"。业，韦昭注为"创"，"业用"就是"创用"，是经过加工改造并赋予新意的创造性地使用。社会有发展，古今有变化，"法"也必须随社会的发展而发展，使继承与创新相结合。这充分显示了管仲作为政治家的成熟和作为改革家的智慧。继承与创新相结合，不仅符合推动社会发展进步的基本规律，并且修太公之法能够借助太公的崇高威望和巨大影响力，更顺利地推进改革。在此基础上，把立足于实际的改革措施融会于修太公之法中，在继承中有改革，在改革中有继承。这样能够有效地减少矛盾，更易于推行改革，使各项治国措施更易于实施。在春秋初期还没有哪一位政治家能够像管仲那样采取如此成熟的治国策略，这正是管仲改革成功并取得举世公认的非凡成就的重要基础。

三 国 五 鄙

作为政治家的管仲深知治国必须首先具有稳定的社会环境，所以他实行政治改革的措施之一就是定民之居，整顿居民编制，实行"三国五鄙"制度，然后在此基础上发展生产，加强军备，为富国强兵创造良好的社会环境。

所谓"三国五鄙"是管子制定的一项四民分业定居的措施。"国"指国都及城郊，"鄙"指乡村。当时的齐国，由于各种社会矛盾十分突出，有大量的无业游民和流民，成为社会不安定的主要因素，不解决这个问题，国家很难安定，任何法令也无法施行。因此，管子将国都政区分成三部分，分立三军：最高权力由国君统管，同时国君又分管其中的一部分，直接统率中军；其余两部分由两个监国上卿高氏与国氏分管，分别统领左军和右军。国都划分为共二十一乡，其中军士乡十五个，工商乡六个。十五个军士乡也分为三部分，由国君和两位上卿各管五乡。军，属于军事组织，按军事建制分级管理。乡，属于行政组织，分层设立三官、三宰、三族等，进行行政管理。工商六乡只是地方组织，各守本业，免服兵役，只做行政管理单位。凡是乡都按五家为轨，十轨为里，四里为连，十连为乡，分别由轨长、里司、连长、乡大夫管理。这种管理体制实际上也是一种权力结构，权力与职责相联系，集中与分散相结合，对防止内乱与抵御外敌都具有十分重要意义。"鄙"指乡村，管子将乡村分为五个行政编制，称为五属，是为"五其鄙"。它以家为基本单位，三十家为邑，十邑为卒，十卒为乡，三乡为县，十县为属，依次由邑司、卒帅、乡帅、县帅和属大夫分级管理。五属又设五正、五牧。五正具有监督五属的职责，五牧具有监督各县的职责。他们定期考核属县，单独向国君或者属大夫报告各属、县的具体情况。五属大夫每年正月参加朝会，主要有两项任务：第一是向齐桓公报告自己的属的行政事务；第二是向朝廷推荐自己的属的贤能人才。地方官吏如果嫉贤妒能、压制贤能人才不向朝廷报告，发现后一律按"蔽贤""蔽明"之罪论处。这样便打破了以往贵族垄断政治的世卿世禄制，使大批的基层贤能人才脱颖而出，走上管理的行政岗位。

在实现"四民"分业定居的基础上，管子在十五士乡建立了军备组织。五家为轨，十轨为里，四里为连，十连为乡，五乡一帅。故万人为一军，全国共分为中军、左军、右军三军。齐桓公帅中军，国子、高子分别率左、右军。各级军事组织层层开展军事训练。由于以业定居，自幼熟悉，便于成为团结、战斗的整体，这样就增强了战斗力。

管子的"三国五鄙"居民编制与行政组织对于振兴齐国具有重要的意义。首先，它重新建立起了齐国的行政管理体系，实现了"定民之居"制的行政区划建立，加强了国家的行政管理能力，并通过各级各类行政机构的建立，调整与理顺了各类职业之间的关系与每一职业内部人员的居住、生活、劳作等环境条件，从而实现了四民安居乐业的新秩序，为振兴齐国打下了坚实的组织基础。其次，它使社会分工职业化，从而实现了"成民之事"的组织保障，加强了国家对不同职业的专业化管理，促进了社会生产力的极大提高。例如，手工业者集中定居，有利于提高专业化程度，更有利于选择精良器材，鉴别产品质量，交流生产技术，从而推动手工业的发展与技艺的提高。再次，它有利于士、农、工、商的全面发展。"四民"分业而居，各有其编制，使从业人员稳定，各自专业化水平不断提高。同时，这一措施有利于国家平衡各职业之间的关系，从而有利于国家的管理，有利于社会全面、协调发展。最后，在"三其国"的基础上建立三军，从而形成齐国的正规化军队组织，这有利于父子相教、兄弟相传，形成兵士的职业化，有利于进行军事训练，提高战斗力。这一措施增强了齐国的军事力量，为称霸诸侯奠定了坚实的军事基础。

政之所兴在顺民心

作为政治家的管子深知民心向背对于国家兴亡的重要作用，所以，他说："政之所兴，在顺民心；政之所废，在逆民心。"认为民心向背关系到国家的兴亡，治国安邦的根本问题在于政顺民心，以人为本。有一次齐桓公问管仲说：我想把自己的国家先治理好然后再去谋求天下，行不行啊？管仲说：当然可以。桓公问治理国家应该从什么地方开始？管仲回答道："始于爱民。"爱护老百姓是古往今来有作为的政治家都必须遵循的原则。

管子认为，爱民并不是喊喊口号，做做样子，而是要踏踏实实地行动，要为人民办好事，给人民以实实在在的利益。因此，爱民的根本就是推行仁政，实现富民、利民、政顺民心的目标。管子说："凡治国之道，必先富民。民富则易治也，民贫则难治也。奚以知其然也？民富则安乡重家，安乡重家则敬上畏罪，敬上畏罪则易治也。民贫则危乡轻家，危乡轻家则敢陵上犯禁，陵上犯禁则难治也。故治国常富，而乱国必贫。是以善为国者，必先富民，然后治之。"这显然是从富民与巩固统治秩序的角度来看待这一问题的。管子深知无论是对国家还是老百姓而言，只有丰衣足食才能使一切都好办。百姓富有了，才能吸引他国的百姓前来投靠，国家贫穷、民生凋敝，百姓就只能往外逃，所以，治国必先富民。

那么，如何富民呢？管子认为富民必须重本抑末。管子所讲的"末"和后世的"末"含义不同，后来的"末"是指商业与手工业，而管子的"末"是指追求豪华、奢侈的刻镂、修饰之类。管子为相之初，齐国国力衰弱，民生凋敝，大量人口外流。管子最忧心的就是人民无法丰衣足食，安居乐业。富民的首要任务就是发展农业，粮食是国家的根本。所以管子坚决反对动辄剥夺农时，反对在农忙时节抽调老百姓去服劳役，强调让老百姓安心地按时耕作，这样百姓自然会逐渐地富裕起来。同时，国家要坚决反对奢侈、华靡之风，"工事无刻镂，女事无文章，国之富也"（《立政》）。除"重本抑末"之外，管子还主张"取于民有度"，尽量减轻农民的负担。他认为有节制地征取百姓的财富，有限度地征募百姓的劳役，这样，即使国家很小也会安泰；无限度地搜刮百姓的财富，差遣百姓服劳役，即使大国也最终会走向灭亡。

管子爱民的另一个特点就是利民。管子认为趋利避害是人的本性，"民之从利也，如水之走下，于四方无择也"（《势》）。利民是争取民众的重要途径，"得民之道，莫如利之"(《五辅》)。为民众谋利益，这是自古以来治国平天下的关键，所以他强调要为百姓兴利除害。《正世》说："夫五帝三王所以成功立名，显于后世者，以为天下致利除害也。"《治国》说："先王者，善为民除害兴利，故天下之民归之。"由此可见他对百姓利益的重视程度。

当然，富民、利民实质上都是为了争取民心，因此，在富民、利民的同时，还要使各种政令顺应民众的要求。管子认为，百姓一定要得到他所需要的，然后才能听从上面的；百姓能够听从上面的，然后国家的政事才好做（《五辅》）。政令必须顺应民心，才能得到民众的拥护，从而真正做到令行禁止，所以《牧民》说："令顺民心，则威令行。"那么从哪些方面给百姓以利益呢？在《五辅》中，管子将惠民、利民政策概括为六项德政：一是开垦土地，建造房屋，重视种植，勉励士民，鼓励耕作，修缮墙院，这些是为了丰富百姓的生活物资。二是开发潜藏的财源，搞活积滞的物资，修筑道路，便利贸易，热忱迎送商客，这些是为百姓输送财货的重要手段。三是疏浚积水，修通壅塞的水沟，排除泛滥的洪水，清除淤积的泥沙，开通堵塞的河道，修筑渡口的桥梁，这些都是为百姓提供便利。四是薄收租税，轻征田赋，宽减刑罚，赦免罪犯，宽恕小过，这些都是对百姓实行宽大政策。五是赡养老人，慈爱幼孤，救济鳏寡，问候疾病，吊慰祸丧，这些都是为百姓解救急难。六是寒冻之人给他衣穿，饥饿之人给他饭吃，帮助贫寒百姓，赈济衰落人家，资助面临绝境的人，这是救济百姓的穷困。这六个方面，无一不是真心实意地从百姓的生计考虑，每一项德政措施都是非常具体的。项项落实，老百姓就会脱掉贫困的帽子，走上丰衣足食、安居乐业的道路。百姓人人安乡重家，国家自然就容易治理了。当然，管子爱民、富民、利民的最终目的还是要"牧民"，就是使百姓容易统治。

强国与尊君

春秋时期连年的兼并战争使诸侯国拥有了更多的土地与臣民，为集中和扩大诸侯的权力奠定了基础；而与此同时，诸侯国的卿大夫也在扩充实力，要求分得更多的好处。这样，卿大夫势力的不断扩张对于本来就不太稳定的诸侯权力造成了新的严重威胁。鉴于此，管子根据春秋初期社会形势的变化，辅助齐桓公在政治体制、经济体制、军事体制上实行全面改革，加强君主集权，削弱贵族势力，杜绝政出多门，从而强化了国家政府职能，从国家管理体制上为齐国的强大与霸业奠定了坚实的基础。

管子在加强君主集权方面主要采取了以下措施：

一是建立由君主为最高管理者的行政管理系统，在相之下建立分司管理的中央行政机构。管子在朝廷设立相国，相上承君命，下领百官，为国君辅臣、百官之长。在相之下，设立五官：大司行，负责国家外交机构的最高行政长官；大司田，负责国家生产机构的最高行政长官；大司马，负责国家军事机构的最高行政长官；大司理，负责国家司法机构的最高行政长官；大司谏，负责国家监督机构的最高行政长官。五官之下，各设若干属官，分司职事，形成国家的五大行政机构，具体处理国家的行政事务。这样就形成了相统领百官直接对国君负责的中央官制。

二是强化法治，树立国君的最高权威。管子认为，君主若想治理好国家，必须把权力集中在自己手中，独揽大权，国家才有威严，百官才可治理。《重令》认为，国家治理的重要工具是法令，法令威重则君主尊贵，君主尊贵则国家安泰；法令轻卑则君主卑微，君主卑微则国家危险。所以要想使国家安稳就必须使君主尊贵，君主尊贵就必须令行禁止，令行禁止就必须严格刑罚。假如刑罚严厉百官就会害怕，就会使政令畅通。刑罚不严百官就会胡作非为，政令就得不到很好的执行。君主必须独揽权势，不与臣吏分享，令行禁止，树立绝对权威。管子明白，随着宗法封建制度血缘纽带的日益松弛，礼制日益受到冲击与破坏，单纯依靠礼制已经难以维持正常的统治秩序。同时，加强中央集权势必触及贵族的既有权力。为了加强君主统治，必须加强法治，依法约束行为，统一意志。而立法与执法的最高权力牢牢地掌握在君主手中，这样君主实际上操纵着所有人的生杀、贫富、贵贱的大权，这就确立了国君至高无上的权威。

三是由国家控制经济命脉，限制富豪的经济掠夺。管子对关乎国家经济命脉的领域实行国家专营制度。这不仅可以有效地增加国家财政收入，也可以有效地防止贵族利用自身特权聚敛财富，造成财富分散、贵族坐大。此外，对于物价，实行由国家控制与调节的平准制度。针对物资余缺对物价高低的规律性影响，管子设立了专职部门，通过政府采购和出售，调剂物资余缺，平准物价。这些措施有效地限制了贵族的经济特权，保证了国家的财政收入，迅速地实现了强国富民的目标。这为加强君主集权奠定了坚实的经济基础。

四是由国君直接控制军权。管子将军事组织隐于行政组织之中，每级行政组织同时也是一级军事组织，各级行政长官同时是各级军事组织长官，军政合一，层层负责。这样，将军队从贵族采邑的地域中剥离出来，确定了国家对军队的绝对控制权。这就从体制上确立了国君至高无上的地位与权威。

五是由国君直接控制国家的外交权。首先由国君直接委派外交使者，根据他们个人的不同情况让其出使各国。又委派八十位游士，"周游四方，以号召收求天下之贤士"（《小匡》）。无论是专门使者还是游士，都由国君直接委派，他们直接向国君负责。其次由国家以利益、信誉吸引诸侯亲附齐国，由国家统一对各诸侯国的政策，并统一负责与诸侯各国的交往，这就剥夺了贵族自行其是的外交权力，由国君直接控制外交权，加强了君主的权力。

整 肃 吏 治

管子在整顿居民编制的同时，层层设置了各级官吏，形成了与"三国五鄙"相适应的官吏系统。官吏是国家行政的主体，是各级政权机构的实际操作者，因此，吏治是国家兴衰的关键因素之一。吏治是否整肃、清明，是国家能否振兴的决定性条件之一。管子深知其中的道理，所以他在"定民之居"的同时致力于整肃吏治。

管子认为整肃吏治的关键是君主应该正人先正身，以身作则。这样上行下效，官吏们才不至于胡作非为。在管子的眼里，礼义廉耻是关乎国家生死存亡的根本。但是，这些道德规范要真正变为人们行动的准则，发挥其维护统治的功能，就要求统治者首先要做到，所谓其身正不令而行，其身不正虽令不从。管子认为统治老百姓的秘诀就在于想让老百姓做什么，君主就应该先做什么，把老百姓往哪条路上引，就看君主喜欢什么、厌恶什么。君主的言行对于老百姓具有很大的示范引导作用。

在《立政》篇中，管子论述了君主在用人的问题上应当慎重对待的三种情况：德操不能与其位置相当，功劳不能与其俸禄相当，才能不能与其官位相当。这三种情况都是社会动乱的根源，而这三种情况大多是由君主造成的，人们在抱怨的同时自然会联想到君主用人不当。对于那些德行笃厚而地位卑微的人，人们会说这是君主的过失；对于那些德行浅薄而地位很高的人，人们会认为是君主的失误。这样一来，那些德行操守人们还不清楚的人身居高位，品质优良的官吏就不会为君主尽力；那些功绩不大的人享受较高的俸禄，勤勉辛劳的官吏就不思进取；那些无能的人做了大官，才能超群的人就不会为君主服务。因此，君主在用人时必须慎重对待，对于那些德行不厚的人不能将国家大权交给他们；见到比自己贤能的人不能谦让虚位的，不能让他处于高位；不能公正执法的人不能让他带兵；不重视农业、趋利胡为的人不能让他做地方官吏。

君主在任用官吏时必须举公废私，选拔那些以国家利益为重的人，"任公不任私""无私者可置以为政"（《牧民》）。

君主与天下同心，以天下万民为重，社稷就会稳固。对于各级官吏来说，爱民无私同样重要。各级官吏上代表君王，下联系平民百姓，上令下达，下情上传，是君主与平民之间联系的纽带。如果心中没有国家社稷，没有为民谋利的意识，想到的只是谋取私利，投合君王的所好，尽量地搜刮民脂民膏，想尽一切办法往上爬，那就不可能受到老百姓的欢迎与爱戴，对于这样的官吏必须清除。管子认为，如果国君举公废私，那么各级官吏就会望影随形，尽忠职守，不怀二心。各级官吏，不要侍奉君主左右的宠臣，要听从君主的任用升免毫无怨言，想国家利益之所想，勤勉尽力，遵循法制，明辨顺逆，推荐贤人，使邪佞之人不敢猖獗；侍奉国君有义，任用部下有礼，贵贱相亲，忠于国家，使上下之人各得其所。无论身处朝廷还是供职荒蛮之地，都尽心尽力完成职责，以义交人，以谦处事；执行公务，恪尽职守，遇到危难，九死未悔；不诽谤国君，不隐瞒观点；国君有过，直谏不疑，国君有忧，勇于承担。如此，则吏风清明，国家繁荣。

围绕整肃吏治，管子采取了不少措施。首先，注重提高官吏的工作效率，特别是对反映民情民意的事务，要求迅速解决，绝不允许扣押或者拖延不办，否则官吏就要受到严厉的惩罚。管子主张，凡是平民要到乡里去陈诉事实的，官吏不准他们前往，扣押超过七天，官吏就要受到囚禁。士要与

117

上面交往，官吏不准他们前往，扣押超过五天，官吏就要受到囚禁。贵族子弟要与上面交往，官吏不准他们前往，扣押超过两天，官吏就要受到囚禁（《大匡》）。其次，管子主张建立严格的官吏考核制度，由鲍叔牙负责对各级官吏的考核。对于那些劝勉国事无功而有过的，从政没有政绩缺乏能力的，原野荒废、办案骄横轻慢的官吏要严加惩处，决不姑息。在定期考核的同时，建立督导、警诫制度，宫廷对官吏、上级对下级，层层督导，严加警诫，使那些平庸者受到鞭策甚至丢官（《大匡》）。再次，坚持以法治吏与民众监督相结合，广开言路，鼓励民众畅所欲言，发表意见，以补为政之失（《国语·齐语》）。管子通过这些行之有效的措施，整肃吏治，形成了奉公守法、清廉自律的官吏队伍，这对于富国强兵发挥了重要作用。

举 贤 授 能

管子深深地明白，做任何事情离开了人都无从谈起，因此人才是治国的根本，有了人才才能制定、实施治国方略，完成尊王攘夷、称霸诸侯的大业。一年之计，莫如树谷；十年之计，莫如树木；终身之计，莫如树人。一树一获者，谷也；一树十获者，木也；一树百获者，人也（《权修》）。当然，在管子看来，人才不是指一般的劳动者，而是社会中的杰出人士，诸如圣主明君、良臣猛将、君子贤人等等。明君圣主有道务德，雄才大略，积极进取，大治天下。良臣猛将尽智竭力，效命疆场，上为君主恪尽职守，为国家分忧解愁，下安百姓黎民，忧民生多艰，使民从如水。君子贤人内修仁德，外行忠信，谦恭勤勉，堪为社会表率。因此他主张对于人才要注意分类广泛搜求。治军作战要广收天下豪杰，骁勇俊雄之人不可遗漏；治国要选那些内爱百姓、外存孤绝的贤人；出使他国要选那些既有原则又有灵活性的人。

当然，社会上藏龙卧虎，人才济济，要选好人，用对人，关键在于君主是否真的礼贤下士、求贤若渴。如果没有以公治国的君主就不会有以直求进的士人，没有贤能的君主就不会有成就大业的贤臣。管子从自己的亲身经历得出："天下不患无臣，患无君以使之；天下不患无才，患无人以分之。"（《牧民》）贤才能否发挥作用，关键在于君主是否贤明。所以当齐桓公问到如何选取豪杰之士时，管子回答说以礼相待，有功必奖，用人不疑，天下英杰就都集中在君王麾下了。正是靠这种用人选贤的真诚，管子推荐齐桓公大胆起用宁戚、隰朋、宾胥无、王子成父、东郭牙等五位能人，委以重任，使齐国大治。

由于社会的需要不同，对人才的评价标准也不一致。使用人才，首先必须明确人才的评价标准。在这方面，管子结合当时的时代需求与齐国的现实情况，提出了著名的"三本""四固"（《小匡》）用人标准。

所谓"三本"就是用人的三项根本原则。管子认为用人必须注意三点：德不当其位，功不当其禄，能不当其官。亦即要注意在位的人是否有品德，受禄的人是否有功绩，为官的人是否有才能。用现代的说法就是，选拔人才要注意从品德、才能、政绩三个方面综合考察。如果品德高尚的人不能身居高位，那么贤良的大臣就得不到晋升；如果有功劳的人不能获得重禄，那么勤勉的大臣就不能受到鼓励；如果不能取信于民的人做了大官，那么有才能的大臣就不会出力。如果对这三个根本问题不加审查，奸臣就会与君主接近，君侧佞臣就会专权。结果，在上，君主耳目闭塞，在下，政令不通，正道被抛弃，坏事就要一天天多起来。可见，管子的"三本"说从德、才、绩三个方面概括了用人的基本原则，这个概括对于今天仍然具有借鉴意义。

所谓"四固"就是用人的四项根本政策。即：大德不至仁，不可以授国政；见贤不能让，不可与尊位；罚避亲贵，不可使主兵；不好本事，不务地利，而轻赋敛，不可与都邑。这四个方面是国家安危的根本，之所以如此，是因为身为卿相却不能得人心，大臣不能和睦相处；带兵主将人家却不害

120

怕，百姓无产业可守；人心思迁，国家就会处于危亡之中。如果大德至仁，治国就会得到支持；见贤就让，群臣就会和睦相处；刑罚不避亲贵，敌人也会害怕主将的威严；抓住本事，看住税收，则老百姓乐不思迁。

确立用人的根本原则和政策之后，为了使人才选拔制度化、规范化，管子又制定了选拔人才的制度，这就是有名的乡长、官长、君主，"三选"用人机制。据《国语·齐语》及《管子·小匡》记载，每年正月乡长上朝，齐桓公要求各位乡长将本地区的优秀人才推荐出来，不问是亲是疏，只要能做到为义好学、慈孝父母、聪慧仁厚、乡里闻名的，拳勇胆大超出一般人的，都要推荐。也就是说，无论是德行、智慧还是身体力气出众的，都要推荐选拔。与此相应，对于那些不孝顺父母、不长悌于乡里、骄躁淫暴、不服从管教的人，也要如实上报，否则治不报之罪。《立政》说，只要发现了孝悌、忠信、贤良、俊才，他们的子弟、臣妾甚至是仆役或宾客，都要逐层由什伍长上报游宗，游宗上报里尉，里尉上报州长，州长再汇总上报乡师，乡师登记备案上报给师，由下而上逐级上报，防止遗漏，这是"一选"。然后，每年年终，桓公命令官长书面报告新官政绩，推选其中确有突出能力的人，并普遍调查、广泛征求乡里的意见，加以验证，这是"二选"。最后，桓公亲自召见有卓越才能的人，了解他们的素质，凡是真正能够成就大事的人，则委以高官，授之大事。凡提出许多治理国政的难题进行策问，能够应对如流、回答满意的，则到乡里详细调查他的实际能力，确有能力而无大过的，便提拔为上卿的助手，这是"三选"。管子的这种三选制度冲破了殷周以来的"亲亲"原则，打破了分封制下尊卑森严的等级界限，代之以"才"为唯一原则的自下而上推荐选拔的考核制度，确立了选贤的责任制，这有利于督促各级官吏培育人才、发现人才、推荐人才。"三选"制度又与惩治恶人相结合，这有利于社会教化的推行。这些在今天仍然不无借鉴意义。

第6章

仓廪实知礼节　衣食足知荣辱

　　管仲首先是一个商人，然后才是一个卓越的政治家，因此，在先秦的典籍中，《管子》的经济思想不仅最为丰富，而且最具有特色。它不仅论述了自然经济，也论述了商品经济与市场经济。它的经济外交与侈靡消费理念，在先秦诸子中都是无与伦比的。《管子》所提出的"仓廪实而知礼节，衣食足而知荣辱"，成为治国与发展经济的至理名言。司马迁说："管仲既任政相齐，以区区之齐在海滨，通货积财，富国强兵，与俗同好恶……善因祸而为福，转败而为功。贵轻重，慎权衡。""知与之为取，政之宝也。"

农业是财富之源

民以食为天。管子深深明白此中道理。《管子》的《牧民》《立政》《治国》等篇都认为治理国家应该先从发展经济、增加社会财富入手，以实现富国强兵、称霸天下的目标。而要发展经济、增加社会财富，首要的任务就是发展农业。当然，管子心目中的农业是"大农业"的概念，而非狭义的"农业"，它既包含农业，也包含畜牧、林业，甚至矿藏。这些都是社会财富的主要来源。

管子认为土地和劳动是获取社会财富的基本要素。《问》篇说："力地而动于时，则国富矣。"就是说，按照农时辛勤耕耘，就会产生财富，国家就会富强。《八观》说："民非谷不食，谷非地不生，地非民不动，民非力毋以致财。"《水地》篇说："地者，万物之本原，诸生之根菀也。"可见，管子将土地看作最重要的生产资料，财富的基础。在《乘马》篇中，管子还将土地看作政事之本，说："地者政事之本也，是故地可以正政也。地不平均和调，则政不可正也。政不正，则事不可理也。"这里所说的"地者政之本"，并不是说作为自然资源的土地本身可以左右政事，具有根本性作用，而是意在阐明，在合理分配土地、正确使用土地，以使

124

土地最大限度地为国家带来财富的意义上，土地具有"政之本"的作用。因此，有了土地这个基础，通过劳动者按照农作物生长四时季节的辛勤劳作，财富便会源源而来。为了调动广大农民的生产积极性，就必须相应地制定按照土地肥瘠程度征收赋税的政策，使耕种不同土地的农民都有收成，都有收入和生活来源，这样才能保证广大农民尽心尽力地按时耕作，获取丰收。

发展农业，还要很好地解决水利的问题。水利是农业的命脉。中国是一个农业大国，也是一个水患频发的国度。齐国位于黄河下游，滔滔黄河横穿而过，奔流入海。除黄河之外，在齐国这片肥沃的土地上，还有济水、淄水等河流。这些大河为齐国的农业生产提供了丰富的水源，同时，也因地势低洼，黄河泥沙淤积致使河床增高，导致河水在雨季冲决河堤，造成水患，使老百姓无家可归。所以齐国发展农业生产的首要任务就是治理水患。治水就必须有一个严密的组织和强有力的队伍。朝廷以司空为治水的最高行政长官，全面负责全国的抗旱、排涝、修渠、筑坝等事务，做到即使有水患发生，也不影响农业生产；即使旱灾频发，也不影响农业收成。司空之下，设立大夫、大夫佐各一人，领导、指挥校长、官佐和各类徒隶。在具体事情上还要挑选水工头领，勘察巡视水旱形势，安排水利工程的修缮事宜。挑选治水队伍是在每年秋后普查工作的基础上进行的。秋收结束后，官府进行土地、人口、户籍的普查，统计男女老幼的人数，对于那些不能参加治水劳动的，免除劳役；久病不能服役的，按病人处理；年幼体弱的，按半劳力处理。这样便组成了一支强有力的治水队伍，保证了治水工作的顺利进行，从而确保了农业生产，尤其是粮食的丰收。

粮食生产只是农业生产，增加社会财富的一个方面，要确保人民富裕，还必须发展多种经营，所以《管子》的《牧民》《五辅》《立政》等篇都论述了"养桑麻，育六畜"的必要性。这样，搞好粮食生产，老百姓就不会饿肚子；广种桑麻，多养六畜，老百姓就会富裕起来。春秋初期，随着大片荒地不断得到开发，山林湖泽逐渐得到利用，林牧渔业也逐渐地发展起来。管子敏锐地注意到这种变化，于是将多种经营纳入自己的治国方略。他算了一笔账，证明种植瓜果蔬菜的重要性：假如一种粮食没有收成，就会缺少一种粮食，粮价就会上涨十倍；两种粮食没有收成，粮价就会上涨二十倍。遇到这样的年景，国家就应该提倡以瓜果蔬菜来弥补粮食的欠缺。不仅如此，瓜果蔬菜还可以使人民的生活逐渐地富裕起来。他说，老百姓要填饱肚子，每人需要三十亩地，一亩地一石，每人需要三十石粮食，糠麸畜产相当十石粮食，则每人拥有五十石粮食。再加上布帛丝麻和其他副业收入，老百姓手中有余粮，自然就会去换钱，日子就会富裕起来。

　　作为一位有远见的政治家，管子的治国思路与胸怀都是十分开阔的。无论是发展农业、兴修水利、种植桑麻、发展畜牧业，都是为了满足人民的物质生活需要。抓住了这一点，就抓住了巩固政权、富国强兵的关键。这样，齐国离摆脱贫弱、走向富强、王霸天下的目标就不远了。

相地而衰征

　　管子在齐国的经济改革是从农业改革入手的，而农业改革的主要内容就是制定了"相地而衰征"的新赋税制度。这一举措在中国历史上最早敲响了劳役地租的丧钟，开了实物地租代替劳役地租的先河。

　　管子深知土地制度是影响农业生产的关键因素。土地制度不公平、不合理，就会扼制农业生产的积极性，就不会有农业经济的发展。所以，管子抓住土地问题进行大胆的改革。首先，实行均田制，在鄙野废除公田。西周井田制的典型形态是一里见方为一井，每井九百亩，中间是公田，四周是私田。人们先在公田劳作，作为劳役地租，然后才能在私田里劳作。但由于剥削残酷，打击了农民生产的积极性，人们消极怠工，甚至结伙逃亡，致使公田荒芜。鉴于此，管子将各种各样的土地，按照一定的标准折算后平均分配给农民分户耕种。这虽然并没有彻底废除井田制，但由于实行地租分成制，在很大程度上打破了公田与私田的界限，使农民在缴纳赋税后可以保留其余部分。这样在均田的情况下，农民分户耕作，付出的劳动多，收获自然也多，缴纳赋税后剩余的农产品也会多。这就极大地调动了广大农民生产的积极性，从而促进了农业生产的发展。

管子将土地按照耕地、山林、水泽等各种各样的地质属性和面积公平折算后平均分配给农民，使其耕作，按照土地的肥沃、贫瘠等不同情况征收租税，这就是所谓的"相地而衰征"的赋税政策。《地员》篇分析了土地的地势高低、水源深浅及土质优劣等问题后，将土壤分为九十类，并且阐述了不同土壤的性状特点及其适宜种植什么植物和收获情况。在《乘马数》中又进一步将土地分为上壤、间壤和下壤三种，这就为"相地"提供了科学依据。管子之所以如此重视"相地"，是因为"相地"是"均地"的基础，只有把"相地"这一环节做好了，才能真正实现公平合理的"均地"，以达到调动生产者积极性的目的。在"相地"的基础上，管子在《乘马》篇论述了"均地"的具体方法。概括起来说，就是根据土地的好坏，按照一定的标准，将不同的土地进行对比折算，以便预估产量及征收租税。这样，实际上就将租税与产量联系了起来，以土地产量的高低为标准来确定租税的差别。当然，"均地"是为了"分力"，"分力"是以劳动力为单位，每一个劳动力，无论是从事何种作业，所拥有的劳动对象折算为正常可耕地的数量是相同的。这样，劳动者所付出的劳动越多，获得的剩余产品也就越多，这就有利于调动生产者的积极性。

在"相地"，也就是根据土地好坏征税之外，管子还强调要根据年成的丰歉确定租税的高低。《大匡》记载征收租税的办法，用粮食缴纳租税，按土地肥瘠分别征收。一般情况下每两年征收一次，好年成按十分之三征收，中等年成按十分之二征收，下等年成按十分之一征收，灾荒之年不征收，待饥荒情况好转后再征收。显然，这一税收政策对于缓解社会矛盾、促进农业经济的发展具有重要意义。管子的税制改革顺应了民心，调动了农民生产劳动的积极性。"相地而衰征，则民不移"，这说明在此之前流民现象十分严重。由于实行了新的土地政策与租税政策，农民队伍稳定了，促进了农业经济的发展，为齐国称王图霸奠定了坚实的物质基础。

"富上而足下"的分配制度

社会财富的分配与再分配是历代统治者都十分重视的问

题。这一问题的处理是否得当，关系着社会秩序是否稳定，甚至政权是否巩固。如果贫富差距过大，那么各种社会矛盾就会凸现出来，直接威胁政权的稳固与存在。管子对于这一问题的认识，比起同时代的政治家及坐而论道的思想家来，更为高明，更具有现实可行性。

首先，管子提倡"富上而足下"(《小问》)，认为国富与民富是相辅相成的，民富是国富的基础。民富则国家不会财政枯竭，民穷国富就成为空中楼阁。那么，如何实现民富的目标呢？《管子》在《权修》篇中提出了"以其所积者食之"的基本方针。这里的"积"是劳绩、功绩的意思；"食"是劳动所得和俸禄。这句话的意思是说，老百姓要靠自己的辛勤劳动养活自己；辛勤劳动，多创造财富，就可以在上交规定的赋税后多得一些财富。越是勤劳的人所得就越多，自然也就越富有；不想出力流汗，财富不会从天上掉下来。所以《八观》说，百姓没有粮食就不能生活，粮食没有土地就不能生成，土地没有百姓就不能种植，百姓不努力劳作，就无法得到财物。天下一切财物的生成，是由于用力气，力气的生成，是由于劳动身体，所以只有辛勤劳动才能致富。这里实际上已经提出了"按劳取酬"的分配制度。对于这一分配制度的意义，管子也有明确的认识，《权修》说，凡是治理百姓，要根据劳绩大小给予俸禄。劳绩大的俸禄多，劳绩小的俸禄少，没有劳绩的不给俸禄。如果有劳绩而得不到俸禄，百姓就和君主离心离德；劳绩大而俸禄少，百姓就不愿尽力；劳绩小而俸禄多，百姓就伪诈欺骗；没有劳绩而白得俸禄，百姓就苟且侥幸。如果百姓离心离德、不愿尽力、伪诈欺骗、苟且侥幸，那么办事就不会成功，抗敌就不会取胜。由此可见，"按劳取酬"具有多么重要的意义！在两千多年前，管子就能够提出多劳多得、不劳不得，其进步意义是不言而喻的。

其次，在按劳取酬的前提下，还要实行扶贫抑富的政策，才能真正达到"富上而足下"的目标，维护正常的社会秩序。

"贫富有度"的平均观念是先秦思想家们共同关心的一个社会问题，管子同样关注这一问题。但先秦其他思想家们主要是从伦理的角度去阐释他们反对贫富悬殊、主张贫富有度的平均观，而管子更多的是从政治的角度，即从维护封建统治，为开创霸业而争取民心的角度去论述贫富悬殊的问题，以达到贫富有度的。因此，管子的主张更具有针对性与可操作性。他根据当时齐国的现实情况，认为造成贫富无度的原因主要有三个：第一，国家政权对于社会财富的分配及再分配调节干预不力。这实际上是从最高统治者方面谈造成贫富无度的原因。在当时，国君作为最高统治者掌握着生杀予夺的大权，他们执行什么样的政策，直接关系到百姓的利益。所以从一定意义上来说，贫富是否有度主要是由君主所推行的政策决定的。《国蓄》说："予之在君，夺之在君，贫之在君，富之在君。"而社会上之所以出现贫富不均的现象，就在于统治者没有运用国家政权的力量去"分财并利而调民事"（《国蓄》）。在《管子》看来，之所以导致贫富无度，是因为"谷有所藏"和"利有所藏"，这两种现象的产生，则是由于国家的最高统治者未能有效地调节各阶层的利益。第二，富商大贾与官僚集团相互勾结，造成贫富不均。富商大贾对百姓的盘剥是不择手段的，他们唯利是图，囤积居奇，牟取暴利。《国蓄》篇认为，年成有好有坏，因而谷价有贵有贱，政令有缓有急，因而物价有低有高。但是如果君主不能控制好，就会使巨商大贾操纵市场，利用百姓的不足，牟取百倍的暴利。《轻重甲》也认为，如果国君急于征税，老百姓就会被迫抛售产品，这样产品的价格往往就会降低一半，落入那些富商大贾手中，导致那些富商大贾囤积居奇，借机谋取暴利。这样更加剧了贫富分化的进程，使贫者愈贫，富者更富。第三，由于劳动者的智能不同，即使付出同样的劳动，也会有收益的差距，即所谓巧者有余而拙者不足，这也是导致贫富不均的一个重要原因。

　　贫富悬殊是社会动乱的根源之一，它严重影响着社会秩序的安定与民心的凝聚，所以管子认为："贫富无度则失……贫富失，而国不乱者，未之尝闻也。"（《五辅》）此外，"甚富不可使，甚贫不知耻"（《侈靡》），可见贫富分化严重地威胁着国家的安定。

那么，怎样才能做到贫富有度呢？管子认为，贫与富要有一定的数量界限，这个数量界限要通过国家权力来调节与实现。对于富者的"度"，《管子》并没有记录其数量界限，只是笼统地提出要抑制富商大贾，富而能夺，散积聚，分财并利。对于贫者，要让他们有基本的生活保障。只要百姓的生活有了保障，他们就不会铤而走险，凌上犯禁，社会就会安定。

予之为取，政之宝也

管仲辅佐齐桓公的目的是使齐国成为中原霸主。为了达到这一目的，就必须使齐国拥有强大的军事力量和支持这一军事力量的雄厚物质基础，这种物质基础自然是需要老百姓提供。但是，管仲的高明之处在于，他不主张对人民进行竭泽而渔式的索取，他明白那样做无异于自杀。为了保证财源，除了不断地开辟新的财源之外，对于人民要有节制地索取，这就是我们前面所讲到的取于民有度，即先满足人民的

133

基本生活需要，甚至使百姓富足起来，然后再向人民索取。这就是他所讲的"予之为取，政之宝也"（《牧民》）。

所谓"予"，其实就是统治者在政治、经济上对老百姓采取宽惠的政策；"取"，则是获得百姓的部分劳动成果与支持，以达到富国强兵、政治上称霸的目的。怎样才能做到"予之为取"呢？首先要了解民情，并使"令顺民心"。管子从分析人们的心理入手，认为人们的普遍心理是：恶忧劳，恶贫贱，恶危坠，恶灭绝（《牧民》）。因此，为政者要顺应民心，就应该想办法使他们佚乐之、富贵之、存安之、生育之。只有这样，国家才能巩固，社会才能稳定，百姓才能安居乐业。所以，《国蓄》篇更直截了当地说："民予则喜，夺则怒，民情皆然。"老百姓对于给予他们什么总是高兴的，而对于夺取他们什么总是不满的。可见，管子对人性的观察与分析是十分深刻的。人首先是自然的动物，人要穿衣吃饭，要生存，还要繁衍子孙，这是人的自然本能。当然，人也是社会的动物，总是生活在一定的社会关系之中，除了生存的本能需要之外，尚有精神与情感的需要。在社会关系当中，吃饭穿衣、繁衍子孙就不是一件简单的事情了。在大自然面前，在自然灾害面前，人们还是那样渺小，那样无能为力。旱也好，涝也罢，灾害不断，粮食就会歉收，生存就会受到挑战。在有限的物质面前，统治者总是千方百计地巧取豪夺，那么劳动者所剩余的就十分可怜了。一般来说，面对统治者的巧取豪夺，老百姓只有敢怒而不敢言的份，但是，为了生存，为了生儿育女繁衍后代，老百姓的忍耐也是有限度的，一旦他们最基本的生存权利都得不到保障，他们繁衍后代的基本要求都无法实现，那么他们自然会为了生存链而走险，起来造反了。这样，国家也就会走上亡国灭种的道路。为此，管子否定只取不予的做法，认为这会引起百姓各种形式的抵制与反抗。这样就带来一个矛盾：一方面，滥取于民，人民会起来反抗，危及社会稳定与国家生存；另一方面，国家必须取于民才能获得和增加财政收入，否则国家没有足够的粮食、武器、车马，又怎么能够保家卫国、称王天下呢？为了解决这一矛盾，处理好"取"与"予"之间的关系，管子强调指出，应该特别讲求"取"的方式方法，做到"见予之形，不见夺之理"（《国蓄》）。用今天的话来说，就是给老百姓好处要给在明处，取老百姓的财富要在暗地里进行。具体而言，可以通过以下几种途径：

一是寓税于价，通过商品交换的形式进行"取"和"予"（《国蓄》）。因为商品交换总是要为所取得的商品付出代价的，这种"取"总是会"见予之形"。但是，商品交换不可能只予而不取，而且，商品交换的任何一方总是希望取大于予。商人从交换中取得利润，取大于予是商人生存的前提。

怎样才能使这种"取"让人看不出来呢？管子认为，要善于利用商品价格的变化或几种商品比价的变化从中取利。例如，国家可以通过价格手段调节粮食需求平衡控制物价，从而达到控制国力平衡，保证国家财政收入的目的。粮食是百姓与国家的生存之本，但粮食的价格在丰年与歉年、春季与秋季是有差别的。管子主张在秋季和丰年粮食价格趋低之时，国营商业以比市场高的价格买进粮食；在歉年与春季粮价趋高时以比市场稍低的价格卖出粮食，在这一进一出中，国家就会获得很大的赢利。但由于这两次交易是分两个时期进行的，单独从每一次交易来看，农民看不出是"取"，而认为对自己有利（**市场价低时国家高价收购，市场价高时国家低价销售**），是"予"了自己。此外，在农事繁忙、急需物资的季节，国家为百姓提供各种物资，包括种子、贷款，帮助老百姓从事农业生产；等到秋后粮食上市，货多价低，国家再将贷款、物资折成时价收回粮食，国家无形中又赚了一大笔。当然，在利用不同商品的比价变化方面，管子又提出了"谷贱则以币予食，布帛贱则以币予衣"的主张。意思是：粮价低贱时，国营商业用货币收买粮食；布帛价低时，则用货币收购布帛等衣料。这样，国营商业既可利用廉价批量赚钱，又可使生产者按比较稳定的价格卖出自己的商品，防止私商进一步压价收买，使生产者感到国家"予"了自己。

136

二是通过放贷与预购从中获取利润。放贷指国家向百姓出贷钱、粮、物以取息；预购是指国家在农民缺钱时以低价向百姓订购农副产品，购价与市价之差相当于贷款的利息，所以预购也包括放贷取息的意义。放贷与预购都缓解了接受放贷、预购者的燃眉之急，表面上是"予"，但实际上国家从中获得了大量的利益，是"取"。

三是实行盐铁专卖，提高盐铁价格，从中获得利益（《海王》《轻重甲》《戒》）。

管子的"予之为取"具有重要的意义，表明管子将老百姓的利益始终放在十分突出的地位。他认为国君富有并不算真正的富有，只有老百姓都富裕起来国家才能真正富强。国家与君主要赢得老百姓的欢心，没有比给他们利益更好的了，给人以利益，没有比政府给老百姓以优惠政策更好的了。所谓"以民为本"，关键是要让老百姓得到多方面的实惠。老百姓与国家是鱼水相依的关系，民富是国富的基础，只有上下一致，同心协力，才能实现称王称霸的目的。其次，"予之为取"的做法，标志着统治智慧的极大提高。无论是君主还是老百姓，谁都不喜欢强拿硬夺，"民予则喜，夺则怒，民情皆然"。通过"见予之形，不见夺之理"的方式，尽管也从老百姓手中夺取了大量的物质财富，但是不声不响，表面上看起来是"予"，顺理成章，不会引起百姓的愤怒。这不能不说是统治术的极大提升，怪不得历代的统治者都称赞这一办法是"治国之宝"。

以商战臣服他国

春秋战国时期各诸侯国群雄并起，逐鹿中原。当时各国的权臣谋士大都着眼于从政治、军事方面取得对各诸侯国的优势，特别注重以武力征服四方。而以经济谋臣著称的管子却十分重视通过看不见的战争——对外经济贸易臣服他国，达到不战而胜。管子采取的措施就是通过对外贸易来改变别国的生产方向，使之形成单一的生产模式，然后再与其断绝外贸关系，使别国的生产与生活陷于困顿之中。管子认为，他国因为形成了单一的生产模式，势必就会形成对齐国的依赖关系。为了维持这种依赖关系，他国就不得不听从齐国的摆布，这样齐国就可以乘机臣服他国。

以商战臣服他国，管子使用的手段是多种多样的。其中一种就是使用谋略与权术给对手制造弱点，甚至调动敌人，使他们原有的优势转而成为劣势。例如《轻重戊》记载，管子就是利用商战使楚国臣服。齐国想臣服楚国，但楚国实力强大，地势险要，物产丰富，百姓勇于战斗，来硬的显然不成，于是管子建议齐桓公采用商战的办法制服楚国。齐国一方面大力贮存粮食，另一方面利用本国的铜山大量铸钱，同时派人到楚国高价收买楚国盛产的麋鹿。楚王听说这个消息之后，对丞相说，金钱是人们所看重的，国家靠它生存；禽兽是一群祸害，是明主应该驱逐的。如今齐国用大量的金钱高价收买我们的祸害，这是我们楚国的福音啊！上天将要把齐国赠送给我们楚国了！于是楚王命令百姓纷纷到云梦泽去捕捉麋鹿，以耗尽齐国的金钱。为此，楚国百姓纷纷放弃了农业生产，竞相捕捉麋鹿。结果，齐国贮藏了大量的粮食，楚国获取了齐国大量的金钱。等到楚国百姓都放弃粮食生产之后，齐国下令封闭关卡，断绝与楚国的经济贸易。楚国土地荒芜，粮食短缺，陷入饥荒之中。为了度过饥荒，只好用高价从齐国购买粮食。齐国又乘机派人到齐楚边境销售粮食，楚国百姓为了得到粮食，便纷纷投靠齐国。三年以后，楚国只好臣服齐国了。

在这个故事中，楚国地处江汉平原，农业生产条件十分优越，本来是不缺粮的，但齐国采用高价买鹿的方式，诱使楚人给自己制造了致命的弱点，使自己的优势转化为劣势，从而受制于人。这个故事显然是作者编造出来的，尽管故事荒诞不经，楚国人也不至于那样无知，但是，从中不但可以看出商战是无处不在的，也可看出商战的巨大作用。

管子利用对外贸易的手段臣服他国的例子很多，《轻重戈》还记载了管子利用商战臣服莱、莒的故事。齐桓公问管子：莱、莒国力很强，我想臣服他们，该怎么办呢？管子回答说：莱、莒的山上盛产木材，请您命令齐国百姓在我国的庄山炼铜以铸造货币，高价收购莱、莒的木材作为炼铜的燃料。于是莱、莒的百姓就放弃了农业生产而专门去砍伐木材。这时，管子立即命令齐国加强农业生产，储备大量的粮食。两年后，齐国停止进口木材，关闭与莱、莒的木材贸易。莱、莒因为农业生产荒芜，粮价猛涨到每石三百七十钱，而齐国的粮价仅每石十钱，于是莱、莒的占全国人口70%的百姓都投奔到齐国。二十八个月之后，莱、莒的国君只好请求臣服齐国。

至于齐国臣服衡山国的手段就更具有传奇性。齐桓公问管子：我想制服衡山国，怎么办？管子说：您可以用高价去收买衡山国的器械，然后再转售出去。这样燕、代两国必定也跟着去衡山购买器械，秦国、赵国听说了也一定与您竞争，这样，衡山国的器械必然因此而成倍涨价，天下都来争相购买，衡山国的器械势必会涨价十倍以上。于是齐桓公派人去衡山国收买器械。十个月之后，燕、代两国果然也派人去衡山收购器械。燕、代在衡山收购器械三个月之后，秦国也果然派人去衡山国大量收购器械。衡山国君对丞相说，各国都来争购我们的器械，我们赚了大量的钱，应该想办法让他们再买十倍以上的器械回去。衡山的器械价格大涨之后，百姓都放弃了农业生产而转向从事更为赚钱的器械制作。齐国掌握这种动向之后，立即派人从赵国购买大量的粮食运回齐国。赵国当时粮食的市场价格是每石十五钱，齐国则按每石五十钱的高价收购。各国听说之后，纷纷运粮到齐国出售。齐国收购器械十七个月、收购粮食五个月之后，就封锁关卡，断绝了和衡山国的经济贸易，燕、代、秦、赵也随之从衡山国召回了各自的使者。衡山国的器械已经卖完，鲁国侵占了衡山国的北部，齐国侵占了衡山国的南部。衡山国缺乏器械去应付齐、鲁，只好彻底向齐国投降了。

《轻重戊》篇讲了许多利用对外贸易手段臣服敌国的故事。这些故事虽然在今天看起来都是杜撰，但是应该看到，管子时代所谓列国断不能与今日国际情形相提并论。当时国家的领土远不如今日广大，人口也远不如今日之众，国内经济组织也都极为简单（主要是农业，特别是粮食生产）。所以，管子的所有对外贸易战术现在看起来虽简陋可笑，但在当时的经济背景下，未尝不可用作制服他国的利器。

国家的宏观经济调控职能

管子认为，社会上存在着利益冲突，国家只有进行调解才能使社会经济有秩序地发展。因此，国家必须依靠政权的力量，运用强制性的政令、法令等手段，禁止某些商品买卖，或者下达指令性任务，强迫豪强巨贾出售或者购买某种商品，从而控制与影响市场上的供求关系，以达到调控经济，使之能持续、平衡的发展。国家要根据市场情况，通过商品的敛散吞吐，调节供求关系，控制商品流通。具体的操作要求是"敛积之以轻，散行之以重""以重射轻，以贱泄平"（《国蓄》）。也就是说，市场上某种商品供大于求时，这种商品的价格就会下跌，这时国家为了防止富商大贾乘机操纵市场，就必须适当提高价格并大量收购，使价格保持在比较合理的幅度之内；当某种商品供不应求时，其价格自然会上涨，商贾就会乘机囤积居奇，以牟取暴利，这时国家就应该将过去收购的商品以低于市场价的价格大量抛出。不但打击了不法商人的投机活动，平抑了物价，而且国家还会在收购和抛售商品过程中获得巨大的利润。国家的经济调控职能主要体现在两个方面：

首先，国家需要调节社会不同集团之间的经济利益，使彼此的利益冲突保持在"秩序"的范围之内。管子明确指出，"民富不可以禄使也，贫则不可以威罚也。"意思是说，老百姓中很富有的人不会把国家的一点赏赐看在眼里，不肯为得到俸禄、赏赐而为国家出力效命。反之，过于贫穷而无法生活下去的人，则会为生计所迫铤而走险，干出违犯国家法律的事来。对这些贫民，国家的刑法是不容易起到禁止作用的。可见，太富与太贫的人存在，都会造成社会不安定，动摇国家的统治。法令之所以不能贯彻，万民之所以难于治理，其根源就在于贫富不均。因此，为了使赏赐和刑罚真正起作用，就需要国家进行必要的经济调节，防止贫富悬殊，使百姓不太富，也不能太贫。为什么只有通过国家的干涉才能得以调节呢？这是因为，人之常情是趋利避害。富商大贾绝不会自动地将利益让出去，这就需要国家依靠法令与政策进行强制性剥夺，或者借助于经济手段进行调节，以达到散发囤积的实物，调剂多余和不足，分散所聚藏的货币的目的。发挥调节社会不同集团利益关系的职能，是经济发展和实现社会稳定对国家提出的基本要求，这一点古今中外概莫能外。在推进社会主义市场经济的今天，随着我国地区发展不平衡的加剧以及社会财富分配不均的日益严重，国家如何调节地区之间、社会集团之间的利益，已成为一个十分迫切的现实问题，管子的论述至今仍不无借鉴意义。

其次，国家需要调节个人和个别集团与国家之间的利益矛盾，以维护由国家所代表的"共同利益"。管子一方面主张国家要崇尚功利，关心人民的物质利益；另一方面又主张按照一定的道德标准对经济现象和经济行为加以规范，对人

143

们的私利加以约束。他认为国家要操纵予、夺、贫、富的权力，把一切经济利益之源控制在自己手中，实行国家垄断，做到"予之在君，夺之在君，贫之在君，富之在君"。在管子看来，国家既是经济关系的调节器，同时也是社会关系的调节器。如果君主不设法调节民间的财富，让老百姓无节制地追求个人私利，那么国家就会贫穷，不能实现天下大治。

管子主张国家通过"轻重之数"，也就是遵循市场运行规律，作为商品生产者和商品流通的直接担当者进入市场，按照商品交往的原则同私人工商业者往来，在竞争中控制、排挤私人工商业者，特别是那些同国营工商业者争夺市场控制权的"富商大贾"，夺取他们的一部分利润。同时，管子又不主张国营工商业完全依靠经济手段同私人工商业展开平等竞争，而是要"藉于号令"，充分利用各种机会，采取各种方式以国家权力支持国营工商业，压制、排挤私人工商业，帮助国营工商业取得和保持垄断地位。管子认为，国家政令的缓急可以造成市场物价的剧烈波动，例如，君主要民间用货币缴纳税金，如果下令十天之内交齐，物价就会下降十分之一；下令八天之内交齐，物价就会下降十分之三；下令五天之内交齐，物价就会下降一半；限一天之内交齐，物价就会下降十分之九。因此，国家可以通过政令获得收入。政令紧急，促使市场物价下跌，国营商业乘机廉价收购商品，等到市场恢复常态后再待价抛售，就可从中牟取巨大利润。《臣乘马》说，虞国国君为备战而需要购置兵器，因为国家财政困难，国营商业企业按市场价格从私人手工业者手中购买兵器财力不逮，于是虞国国君想了一个办法：春天农民备耕资金不足时，由国家贷款给农民；秋收以后，五谷登场，谷价大跌时，国家对农民说，你们所借的钱现在就用粮食偿还。这样，国家廉价获得全国半数的粮食，市场粮食供应因此少了，粮价随之上扬。于是，国家命令全国各地的手工业者都置备兵器，国家又对手工业者说，现在国家缺少货币，只能以粮食代替货币作支付手段。这样，国家用廉价获得的粮食换得了手工业者的兵器，从而使国家从中获得了暴利。

俭奢并存的消费理念

在中国消费思想史上，可以说《管子》是最具特色的了。它一方面崇尚节俭，主张开源节流；另一方面，在特殊的情况下，又主张侈靡消费，第一次将侈靡消费理念展现于中国的思想家们面前，以致被视为中国传统消费观的异端。这看似矛盾的消费理念，正表现了《管子》通达权变的谋略智慧与善于变革的精神。

崇尚节俭，反对奢侈，是《管子》的基本消费观。《管子》认为，从消费的基本原则来说，国虽富，但俭而不侈，这是正天下之本。从日常消费要求来说，应一切用度以"足"为准，坚持以节俭为治国之道。从消费引导来说，要崇尚节俭，反对奢侈，这是从政的当务之急。凡不明白这一道理的，不能让他管理国事。《禁藏》篇认为，对统治者来说，带头节俭，在百姓中树立简朴的形象，就会受到百姓的拥戴，其统治地位就会得到巩固。否则，不管百姓的温饱，骄奢淫逸，不但会导致社会风气的败坏，甚至关系着国家的兴衰存亡。《八观》篇分析了"侈国之俗"，进一步强调了节俭禁奢的重要性，并将其作为"为国之急"。认为君主没有积贮而宫殿房屋华美，百姓没有积贮而衣着服饰讲究，乘坐车子的人讲究装饰的派头，步行的人讲究衣着的华丽，生活资料少而奢侈品多，这是奢侈国家的习俗。国家奢侈，费用就多；费用多，百姓就贫困；百姓贫困，奸诈的念头就随之产生，邪恶虚伪的行为就随之出现。贫困的产生是由于奢侈，因此，禁止奢侈浪费是国家的急务。当然，管子并非主张越节俭越好，而是主张适度消费，侈不离度，俭不伤礼。它从封建礼制方面规定了天子、将军、大夫、百工商贾、刑余戮民的消费标准。从中可以看出，崇尚节俭在其治国方略中占有重要的地位。

管子和先秦诸子在消费理念上的最大区别就在于主张侈

靡消费。当然，侈靡并不是绝对地主张奢侈消费，而是一种政策和策略，是一种特殊的理财之术。侈靡消费是因时制宜的，是根据现实社会中出现的贫富失度这一情况而制定的调控办法。侈靡消费具有以下作用：

一是扩大消费是人们的内在要求，是调动劳动积极性的重要手段。《侈靡》篇认为，饮食是百姓的欲求，侈乐是百姓的愿望，满足他们的欲求和愿望才能使用他们。如果只给百姓穿兽皮、戴兽角、吃野草、饮生水，谁能使用他们呢？提高生活水平是人们的基本愿望，如果长期处于极端低下的生活状况，就会挫伤人们生产的积极性，制约国家的发展，所以要提倡提高消费水平。

二是扩大消费可以促进生产。管子认识到生产决定消费，同时，消费可以促进生产。正是由于消费对生产的促进作用，管子主张当社会财富有相当的积蓄时，为了进一步生产的需要，要鼓励侈靡消费。《侈靡》篇说："不侈，本事不得立。"他认为扩大消费，可以刺激与促进商品流通，从而推动农业以及其他行业的发展。管子第一次阐述了消费、市场流通和生产三者之间相互依存、相互促进的内在联系，揭示了消费对于开拓市场、发展生产的重要作用。

三是侈靡消费也是经济调控的一种重要手段。《侈靡》篇说："夺余满，补不足，以通政事，以赡民常。"意思是说，财富有多有寡，民众有贫有富，富者侈靡消费，就不会积滞财产，而财产通过侈靡消费形成散财，从而使民众的日常所用得到满足，实现"夺余满，补不足"的目的。这一理论将侈靡消费限于富者范围，从一时来看，对夺有余、补不足会起到一定的调节作用。但社会是复杂的，富者散财之后必然会出现大量的敛财，尤其是统治者会进一步加剧搜刮民脂民膏，因此，这一理论具有明显的局限性。

四是侈靡消费可以扩大劳动就业的机会。管子认为当国家出现自然灾害而民失其本的时候，鼓励富者侈靡消费就会增加贫者的劳动就业机会，使贫者有工可做，有饭可吃，从而达到安居乐业。此外，侈靡消费可以使社会财富不会过多地集中在一小部分富人手中，使贫民有活干，有饭吃。贫民起码的生活条件有了保障，就不会因为天灾无食而背井离乡，流离失所，也就不会铤而走险去犯上作乱了。因此，在特殊情况下，侈靡消费有利于稳定社会秩序，维护统治者的统治地位。

管子认识到了扩大消费可以拉动社会需求、增加就业机会的经济规律，但同时也应该看到，侈靡消费的范围只能是"君臣""富者"，提倡侈靡消费的目的是"财不私藏"，增加贫民的劳动谋生机会。可见，这一理论的实质是避免竭泽而渔，力图使封建剥削进入"良性循环"的状态。

第7章

遍知天下而无敌

春秋战国是一个征战角逐的时代，战争频繁，常见伏尸遍野，流血漂杵。春秋五霸迭相兼并，战争连绵不断。据《春秋》记载，春秋二百四十二年中，大小战争就发生了三百七十多次。战争成为这一时代社会生活最主要的特征。管子生活于这一时代，他之所以能够辅助齐桓公成为春秋五霸之首，是因为他在军事上具有非凡的才能。《管子》中的《兵法》《七法》《幼官》《参患》《地图》《势》《九变》《制分》等军事著作，当然并非管仲的著作，也不可能是春秋时代的作品，而是战国中期之后，稷下学派兵家对于管仲军事思想的继承与发挥。因此，尽管不能说它们是管仲的军事思想，但说是《管子》的军事思想，大概是不成问题的。

兵者，尊主安国之经也

《管子》始终将军事放到"辅王成霸"的总体战略中去探讨，把军事与政治、经济、外交作为一个统一的整体来对待，所以更具有综合性、哲理性和实用性。

《管子》对战争有极为清醒的认识。它一方面强调战争的重要地位与作用，认为"君之所以尊卑，国之所以安危者，莫要于兵"，所以说，战争是"尊主安国之经也，不可废也"（《参患》）；另一方面又认识到战争的危害性，"夫兵事者，危物也"（《问》），强调君主一定要慎重用兵。这就形成了《管子》战争观的基本思想。

首先，治国必须有强大的军事力量。《七法》篇认为，治理好一个国家不仅要做到正确的主张能坚决地执行，错误的主张坚决地废止，有功必赏，有罪必诛，而且还要具有强大的军事力量和精良的军事装备。治国安邦的前提首要是治理好本国的人民，但仅能治理好本国的人民而不懂用兵的策略，仍然不行。不能强化其军队就能战胜敌国是从来没有的。如果仅能强化其军队就不明制胜敌国之道仍然不能取胜。军队没有必胜敌国的把握而能征服天下的事情是从来没有的。所以治国必须首先要有强大的军事力量作为保证。

其次，军队是决定君主尊卑、国家安危的重要工具。军队具有两个方面的重要职能：对外它维护与捍卫国家的安全，对内可以镇压奸邪的叛乱，维护国家政权与人民利益。春秋战国时代，各诸侯之间战争连绵不断，弱肉强食，谁有一支强大的军队，谁就能动辄威服他人，要地得地，要金得金。讨伐那些凶猛暴虐、不讲信义的诸侯国，自然离不开强大的军队。一个没有军队的国家，在春秋战国时代是无法生存的。即使在现代，一个没有强大的现代化军队的国家也是危如累卵。因此可以说，"兵者，尊主安国之经也。"治国安邦，没有一支强大的军队是不可想象的。

再次，战争尽管是成就王霸之业的重要手段，但是，"兵事者，危物也"，不可轻易用兵。因为战争具有"贫民伤财""危国忧主"的"四患"。《法法》说："贫民伤财莫大于兵，危国忧主莫速于兵，此四患者明矣。"要进行一次战争，事先必须深入考虑，慎重权衡。首先要将各方面的数量关系计算好，没有事先对各种数量关系的计算，这样的战争是注定要失败的。要进行一次战争，势必要消耗大量的财力与物力："一期之师，十年之蓄积殚；一战之费，累代之功尽。"（《参患》）这就是说，一年的军费要耗尽十年的积蓄；一次战争的费用要用尽几代人的积累。抽调十分之一的人去服兵役，实际上就要有十分之三的人不从事农业生产，这样，庄稼的收成就要减少三分之一。庄稼失去三分之一，又没有往年的存粮的话，道路上就会出现无人收埋的尸体。抽调十分之一去服兵役，连续三年如此的话，那么百姓中就有卖儿卖女的了。不仅如此，"数战则士疲，数胜则君骄；骄君使疲民则国危"（《幼官》）。同时《管子》意识到："地大国富，人众兵强，此霸王之本也，然而与危亡为临矣。"这种辩证认识是十分深刻而独到的。因此，《管子》强调"不勤于兵""不厚于兵"，认为"勤于兵必病于民""与其厚于兵，不如厚于人"（《大匡》）。由此可见，《管子》在对待战争的基本观点上，是既重视战争，又不主张轻易用兵；既重视战争图王定霸的积极作用，又充分认识到了战争"贫民伤财"的消极后果，这显然是极为进步的思想。

国富者兵强，兵强者战胜

春秋战国时代，国家要强盛，要在诸侯国中处于突出的地位，就必须建设强大的军队，加强军事力量，强兵甚至成为决定国家生死存亡的先决条件。《重令》篇认为，国家是不可能凭空强大的，军队是不能凭空取得胜利的，国家要强大，必须依靠强大的军队取胜。同样，军队也并非想取胜就能取胜，要在战争中取胜，军队自身必须具有强大的实力，

"不能强其兵，而能必胜敌国者，未之有也"（《七法》）。

那么，如何"强其兵"呢？《管子》认为，要实现强兵的目标，首先在于富国。"国富者兵强，兵强者战胜"（《重令》）。《七法》篇认为，国家贫弱，财力不足，军队就衰弱，战士就不会勇猛杀敌；军队衰弱，战士不勇猛，攻战就不可能取胜，守卫就不会牢固；攻战不胜，守卫不固，国家就不能安定。可见，"国富"是"兵强"的基础和先决条件，而"兵强"则是国强与国家安全的根本保证。之所以强调富国是强兵的基础，就在于《管子》意识到战争对于物质财富的巨大消耗这一事实。《参患》说，用兵的费用筹划，三次戒备等于一次出征，三次出征等于一次围敌，三次围敌等于一次交战。一年的军费，要耗尽十年的积蓄，一战的费用，要用光几代的积累。因此，要保证军队在战争中取胜，必须在物质财富上胜过敌人。《七法》指出，治军的方法在于积聚财富，使财富的数量无敌于天下。所以，要统一天下，财富数量不能领先天下是不行的。而达到"财无敌"和"盖天下"的途径，必然要使国家首先富起来。

富国强兵的主要途径是发展农业生产，同时不忽视工商业的发展。粮食对于军队、对于一个国家来说是至关重要的。民以食为天，没有粮食，国将不国，军将不军。《管子》认为，"粟多，则国富""五谷粟米者，民之司命"（《轻重己》),"凡谷者,万物之主也"(《国蓄》)。因此,把粮食生产放在首要位置是当时的历史条件决定的,也是不以人的意志为转移的客观规律。《侈靡》认为,铠甲、兵器的来源是田宅的赋税。《八观》说:"民饥不可使战。"粟多是强兵胜敌的保证,无粟则国贫。如果"无粟",即使用国家的珍贵宝器侍奉敌国,也难免落得灭亡的可悲下场。因此《治国》说:"国贫兵弱,战则不胜,守则不固,虽出名器重宝以事邻敌,不免于死亡之患。"正是因为有了这样的认识,《管子》特别强调重粟,强调以粟制敌守国。《轻重戊》集中说明了如何以粟制敌的谋略。文中主张用巧妙的手段,扰乱敌国的农业生产,使之粮食缺乏,这样敌国就不得不依赖我方的粮食,从而达到克敌制胜的目的。例如,齐国欲征服鲁、梁,便利用鲁、梁为绨的民俗,使齐国百姓皆服绨,并大量收购鲁、梁的绨。这样,"鲁、梁之君闻之,则教其民为绨",鲁、梁之民便自动地放弃了粮食生产,转而大量地生产绨。然而,十三个月以后,齐国上下又开始服帛,并且"闭关,毋与鲁、梁通使"。这样,鲁、梁的百姓由于放弃了粮食生产,相继闹起了饥荒,正常的赋税也无力交给国家。鲁、梁之君只好下令让百姓放弃绨的生产去务农,但粮食不可能三个月就收获,鲁、梁的百姓只能用千钱的高价买入粮食,而齐国的粮价才十钱。这样,二十四个月后,鲁、梁的百姓归顺齐国的多达十分之六，三年之后，鲁、梁的君主也只好请求归服齐国。这就是通过经济的手段达到战争的目的。这正如《管子》所说："地之守在城，城之守在兵，兵之守在人，人之守在粟。"(《权修》)粮食在政治和国防中的重要作用是不言而喻的。《治国》说："众民、强兵、广地、富国之必生于粟也。""有蓄积则久战而不匮"，就是说，如果国家有充足的粮食储备，军队即使进行持久战也不会缺乏物资供应。相反，如果无粮食蓄积，则会"兵弱而士不厉"。由此可见，富国是强兵的基础，国不富则兵不强，兵不强，则国不威。

治 军 有 术

战争的主体是士兵，士兵的素质与战斗力如何是关乎战争成败的关键要素。因此《管子》十分重视选卒练士，认为选卒是军队建设的首要任务。从百姓中选拔出来的士兵，经过严格而艰苦的军事训练，才能组成一支具有作战实力的军队。

《管子》以前的《孙子兵法》中并没有很好地注意到选士的重要性。当然，春秋时代战争以车战为主，参战士兵还主要是一些贵族中的成员。孙武注意的只是将帅的挑选问题，还不可能注意到对士卒的挑选与训练。战国时代，战争由车战转变为以步兵为主，步兵成为战争的主体力量，而且军队的成员也发生了重要变化，许多农民可以参军作战，因此对士兵的挑选逐渐地被兵家所重视。《孙膑兵法》已有《篡卒篇》，说："兵之胜在于篡（选）卒。"《管子·七法》中的"为兵之数"论述了战胜敌人的八个条件，其中有两条就是选拔优秀的战士和对军队进行严格的军事训练。《管子》的"定选士，胜"的思想，正是战国时代军事实践的反映。

选卒仅仅是一个方面，要使军队具有战斗力，还必须对挑选的士卒进行严格的军事教育与训练，以明了军中纪律与军事号令的含义，培养他们的作战能力，锻炼他们的意志，以提高战斗力。训练的内容包括"动慎十号，明慎九章，饰习十器，善习五教，谨修三官"（《幼官》）。所谓"十号"即各种号令。"九章"指各种旗帜的含义与作用。"五教"指对士卒的目、身、手、足、心进行五种训练。"三官"指鼓、金、旗三种号令工具，士卒对这三种号令工具的语言含义能准确理解，就能使将令得到准确而忠实地执行，这样才能使军队整体行为整齐，达到杀敌取胜的目的。

士卒懂得军中号令语言的含义仅是训练的开始，还必须对士卒进行各种技能与杀伤力的训练。训练的方式方法灵活多样，没有一定的程式。春天田猎叫作蒐，训练回兵；秋天

156

田猎叫作狝，训练出兵。因此卒伍之政，在里内编定；军旅之政，在郊外编定。军队大规模的狩猎活动，自然是练兵布阵的方式之一，重在训练士兵们在战阵中的协同能力。此外就是对士卒个人技击作战能力的训练。只有通过严格、艰苦的各种军事技能的训练，使士卒的个人技能达到矫捷像飞鸟，迅猛如雷电，狂暴像风雨，前方无人能阻挡，后面无人能暗算，单独出击，没有人敢抵抗的地步，才是一个合格的士卒。这样的军队才是一个富有战斗力的集体。具备训练有素的士兵，再加上完善而精良的武器装备，这样的军队便战无不胜，攻无不克，所向无敌了。

要提高军队战斗力，还必须重视武器装备的配置。武器装备的进步与人类文明的发展是同步的。首先，完善而精良的武器装备是战争胜利的根本保证。"备具，胜之厚"（《幼官》）。在一般情况下，通过仔细考察敌对双方武器装备的优劣，便可以判断出战争的结果，即所谓"审器而识胜"（《兵法》）。所以，必须在武器装备方面胜过敌人，做到"器无敌"，这是战争取胜的保证之一。

其次，精良的武器装备可以减少士兵在战争中的伤亡，从而为争取胜利提供更多的机会。《兵法》认为，如果用缺乏战斗力的武器装备去和敌人厮杀，那就如同赤手空拳与敌搏斗，注定是要失败的。如果武器质量低劣，就不能制敌而陷于困境，如同把士兵拱手送人一样。武器作为士兵的第二生命，有器与无器、利刃与钝器的差别就成了生死之路的区别。《参患》说：兵器既不完备又不锋利，和徒手作战实质相同；铠甲既不坚固又不严密，和单衣无甲实质相同；弓弩射程不远，和短兵交战实质相同；箭发不能中的，和没有箭矢实质相同；射中不能穿透，和没有箭头实质相同。所以说："器滥恶不利者，以其士予人也。"

再次，为了加强器械建设，保证军队具备精良的武器装备和旺盛的战斗力，《管子》提出了三项基本的保障措施：一是"聚天下之精材"以制作武器装备（《幼官》）。为此，《管子》主张通过高价收购原材料（《小问》）。二是"求天下之良工""论百工之锐器"。要做到这一点，就要用优厚的报酬雇用天下的能工巧匠，这样良工自然会不远千里而至，制造出精锐实用的器械（《七法》）。三是要进行严格的武器器械试验，武器没有试验不用，试验不合格不用（《七法》），要确保武器的精良与杀伤力。

《管子》这些治军思想，反映了战国时代战争的频繁与激烈，反映了在战争规模不断扩大、参战人数众多，因而对军队素质和武器装备的要求愈来愈高的情况下，兵家兵学思想的重要发展，其中有一些带规律性的合理的因素，至今仍具有重要的价值和借鉴意义。

遍知天下而无敌

《管子》认为战争胜利的前提是"明于机数"(《七法》)，也就是说，要掌握作战的有利时机，懂得运用战略战术，创造出有利的作战态势，取得作战的主动权。但"明于机数"的基础又是"遍知天下"(《七法》)。也就是说，在制订作战计划之前和在作战过程中，对敌我双方的情况要全面地了解和掌握，这实际上是对《孙子兵法》的"知彼知己，百战不殆"思想的发展。孙武的知己知彼还局限于对双方作战部队情况的了解，而《管子》的"遍知天下"则不仅要求对双方国力、君主、军队等一切情况的掌握，还包括对当时天下大势的了解，因而内容更为丰富。在春秋战国时代多极化战略格局的态势下，任何一国的军事行动都不会只是作战双方的事情，它必然会在相关的诸侯国中引起不同的反应，对此没有全面准确的认识，而只知敌我情况是远远不够的。"遍知天下"正是根据这些客观实际提出来的。

《七法》说："为兵之数……存乎遍知天下，而遍知天下无敌。"《管子》认为对敌人的情况应做到事先有全面的了解，即所谓要"早知敌"。"早知敌"就会取得战争的主动权，出其不意，所以说："早知敌则独行。"(《权修》)所谓

"独行"就是在提早掌握敌情的基础上，以己之长，制敌之短，从而势不可挡，"以众击寡，以治击乱，以富击贫，以能击不能，以教卒、练士击驱众、白徒，故十战十胜，百战百胜"。那么，要早知哪些敌情呢？《管子》主张要做到"四明"，即对敌方的国情、政治、将帅、士卒等四个方面都要有全面的了解和正确的分析判断。《幼官》说："必明其情，必明其将，必明其政，必明其士。四者备，则以治击乱，以成击败。"如果事先不了解敌方的政治情况，便不能进行战争；不了解敌军的具体情况，就不能约定战争；不了解敌方将帅的情况，就不能采取军事行动；不了解敌方的士卒情况，就无法摆开阵势。这实际上就是要求军事统帅必须做到"知己知彼"，只有如此，才能百战不殆。

为了达到遍知天下的目的，《管子》特别强调用间和察图。所谓用间就是利用间谍做好情报工作，情报应该及时准确、细致入微。《管子》主张在敌人阵营中设立耳目，以详细窥探敌人的情况。《制分》说，一墙的间隔，十人的聚集，就要每天侦察五次。因而打一场小仗，就要了解千里以内的情况；而要打一场大仗，更要了解整个天下的情况。所谓每天侦察五次，就是用金钱财货买通内奸。因此善于用兵的统帅，即使没有构筑工事，也必定要有内奸耳目。《七法》说："金城之守者，用货财，设耳目也。"从"散金财用聪明"与"用货财，设耳目"来看，"聪明""耳目"都是指间谍活动，它们都与货财有关。这说明《管子》"用间"包括收买敌方人员以获取情报。至于"察图"就是审知地图。《管子》认为大凡军队的主帅，都必须详细地了解地图。"行军袭邑，举措而知先后，不失地利"的关键就是"用货察图"。《地图》篇强调作战中要"知形""知能""知意"。也就是说，军中的主帅首先要熟悉地图，对于盘旋的险路，覆车的深水、名山、大谷、大川、丘陵、大陆、萧山、平原之所在，枯草、林木、蒲苇茂密的地方，道路的远近，城郭的大小、名称、废邑、贫瘠、可耕之地及制敌能力等等，都必须完全了解。对于地形的出入交错，也必须做到心中有数，然后才可以行军袭邑，举措得宜而不失地形之利，这就是地图的作用。在《管子》认为，只靠了解地形还不够，还要了解人数的多少、士兵的素质、武器的优劣，但这也只是做到了"知形"。出兵打仗，仅仅"知形"还不够，还要"知能""知意"。与"知形"相比，"知能""知意"更为重要。所谓"知能"就是要认识敌我双方将帅的才能，"知意"就是要认识敌我双方的军事意图。三者之中，"知能"难于"知形"，"知意"又难于"知能"。作为一个军事将领必须具备这三方面的能力，才能"闻未极""见未形"。只有这样，才能达到"独明""遍知天下"，进而"王"天下。

出 奇 制 胜

《管子》认为，战争具有一定的规律性，同时又具有灵活性。要使规律性、普遍性和机动性与一般性结合起来，善于随着敌我双方情况的不断发展变化来制定机动灵活的作战方针，这实际上就是出奇制胜的思想。

《管子》提出"无方胜之几"的作战指导思想，说："善者之为兵也，使敌若据虚，若搏影。无设无形焉，无不可以成也；无形无为焉，无不可以化也，此谓之道矣。"（《兵法》）意思是说，善于用兵的人，并不拘泥于固定的阵法和战术，而是根据具体情况，随时调整变化。没有固定的形状，也没有形迹，造成敌人不知我们究竟在哪里，像是面对虚空，同影子搏斗，始终处于被动挨打的地位。在这里，《管子》已把灵活机动地改变作战方法提高到"道"，即作战规律的高度来认识，这显然已比孙武的认识提高了一步。《管子》认为，掌握了这种"道"，敌人就无法了解我军的作战意图，我军行动就神妙莫测。"无名之至尽，尽而不意，故能疑神。"（《兵法》）行动上神妙不测，就能攻其不备，出其不意，全胜而无害。

《管子》中的《霸言》与《制分》还论述到"避实击虚"

的问题。"虚实"是与众寡、强弱紧密相连的概念。实是兵力集中，势力较强的地方；虚指兵力分散，势力薄弱的地方。《孙子兵法》说："实而备之""避实击虚"，实际上是"以众击寡""强而避之"的思想在军事部署上的延伸与深化，也是促使众寡、强弱转化的手段。如何"避实击虚"呢？孙武认为首先应该知道敌人的军事部署哪里虚？哪里实？"故策之而知得失之计，作之而知动静之理，形之而知死生之地，角之而知有余不足之处。"通过"形之""作之""角之"等一系列手段，对敌人的兵力部署了解得一清二楚。其次，虚和实是可以互相转化的。我方可以通过一系列的手段，采取"分合""强而避之"，使敌人"不知战之地"，处处防守，从而分散兵力，使之由强变弱，而我方则由弱变强。这样，再针对敌人的薄弱环节，乘虚而攻击，有效地消灭敌人的有生力量，这就是虚实之变。《制分》认为，应该放弃充实攻打空虚的地方，放弃坚固而攻打脆弱的地方，放弃难攻而攻击容易攻取的地方。如果打强点就会受到阻碍，打弱点就会建立奇功。强点打不下来，弱点也就会变成强点；弱点攻下来了，强点也就变成了弱点。采用这种避实击虚的战术就可以集中优势兵力，攻击敌人的薄弱环节，最大限度地减少人员伤亡，以最小的代价取得战役的胜利。可见，不但要避坚击瑕，而且要了解"坚""瑕"是相对的，是可以转化

163

的。《霸言》则进一步指出："释实而攻虚，释坚而攻脆，释难而攻易。"要善于根据敌我双方的军力、物力和准备情况来指导作战。如果敌人在军力、物力和准备上优于我方，则我方不可急于攻击，而应善于保存自己的有生力量和物力，等待战机，伺机攻击敌人薄弱的环节，争取战争的主动。

之所以要"避实击虚""释坚而攻虚"，是因为进攻敌人的坚强之处，容易受到挫折；而进攻敌人的虚弱之处，便能立即收到神效。拼死去进攻敌人的坚固之处，那就等于使敌人的薄弱之处也变得坚固起来；进攻敌人的虚弱之处，那就能使敌人的坚固之处变得薄弱。所以说："凡用兵者，攻坚则轫，乘瑕则神。……屠牛坦朝解九牛，屠刀仍锋利如初，则刃游间也。"（《制分》）在《管子》看来，指挥作战的道理和屠牛坦解牛一样，要游刃于间，避实击虚，这样就可收到事半功倍的效果。

总之，《管子》中的兵家思想是丰富多彩的，在我国古代兵法史上具有重要的地位。

第 8 章

法 立 令 行

在先秦诸子中,《管子》首先提出"以法治国"和"以德治国"的口号,认为"法出乎道"为治国的根本,具有至高无上性,主张道法合流,礼法兼重,德法并举,强调"令尊于君""君臣上下贵贱皆从法",执法者必须公正无私等。这些主张和认识在当时无疑是进步的,至今仍具有借鉴意义和现实意义。

法者至道,治国根本

《管子》认为,法为治国的根本,只有实行法治,国家才能安定、富强。法是君主安邦定国的重要手段,是否实行法治是国家治乱的关键。《任法》说："法者，天下之至道也，圣君之实用也。"《明法解》说："法度行则国治，私意行则国乱。"《权修》说："法者，将立朝廷者也。""法者，将用民力者也。""法者，将用民能者也。""法者，将用民之死命者也。"《管子》将君主以法治国同工匠以规矩正方圆看成同样的道理，书中说："巧者能生规矩，不以废规矩而正方圆，虽圣人能生法，不能废法而治国。"所以，"倍（背）法而治，是废规矩而正方圆也"。

首先，实行法治有助于树立君主的绝对权威，达到至德至尊。《正世》说："为人君者，莫贵于胜。所谓胜者，法立令行之谓胜。""凡君国之重器，莫重于令。令重则君尊，君尊则国安，令轻则君卑，君卑则国危。"君主立法行令可以约束群臣百官，使他们忠于职守，这样才能使君主居于至尊之位，更好地驱使群臣、控制百官。所以，《正世》说："法立令行，故群臣奉法守职，百官有常。"有了法才可以使百官有所遵循，办事才有章程。只有实行法治才可以有效地制约权贵，强化君权。《明法解》明确地指出：圣明君主，要求臣下尽力国事而以法守本分，所以臣下努力侍奉君主而不敢私顾他们的家；臣下君主的身份分明，上下的权位清楚，所以大臣各处在他们的职位上而不敢相互夸耀。如果国法废而私术行，君主就失去左右成了孤家寡人，臣子就成群结党组成派别。这样，君主的权势衰弱而臣子的权势强大，这就是动乱的国家。这就是说，只有以法治国才能使臣下守法安分，不敢以权谋私，从而树立君主的权威。

其次，实行法治可以使平民百姓安分守己，竭诚为国效力，也更有利于对百姓的统治。《明法解》说，君主都希望百姓为他效力。要使百姓为君主效力，必须建立法制推行政令。所以治国没有比法制更好的使用民众的办法了；禁止放荡，制止暴行，没有比刑罚更有效的了。《形势解》说，君主确立度量标准，公布分工职责，明确法度规则，用这些来统治百姓，而不是先乱发指示，这样百姓就会遵循正道。法律规定老百姓应该怎样做，不应该怎样做，让他们进退行止，唯法是从。如此，那么万民就敦厚诚实，返回务农而节俭勤劳（《正世》）。相反，如果国家缺少法度，那么百姓就不知哪些能做，哪些不能做，这样国家就会陷入一片混乱。《法法》篇说："法立，令行，则民之用者众矣；法不立，令不行，则民之用者寡矣。"只有以法治国，才能有效地驱使民众为国效力，达到富国强兵的目的。

再次，以法治国可以除暴安民，稳定社会秩序，巩固君主的统治。《正世》认为，法治不能实行，盗贼就不能得到有效的镇压；盗贼不能镇压，动乱就不会平息，以强凌弱，以众欺寡，这是天下的忧患，万民的祸患；忧虑祸患不能解除，百姓就无法安居；百姓不能安居，那么天下就会对君主绝望。为了达到除暴安民的目的，必须实行法治。所谓"法禁不立，则奸邪繁""禁淫止暴，莫如刑"（《明法解》）。此外，实行法治还可以使国家通过税收政策、盐铁专卖等法规来调节民众的利益，保护矿产资源，防止贫富悬殊，有效地预防社会动乱。

《管子》不仅强调法的重要作用，而且还从法律形式的三种类型上强调了法的规范意义。管子认为，在上古蛮荒时代，为了平息纷争，辨别名分，法作为社会矛盾不可调和的产物就不可避免地出现了。社会中的那些圣贤制定出法令制度，法作为社会的最高准则是不能凭人的主观意志随意更改废止的，任何事情都需要用法来监督，因此，法必须具有客观性。当然，法作为全国都要执行的标准还必须具有规范性。任何人，在任何地方，干了违法犯罪的事情，都要予以追究。同样，社会中的尊卑名分、贵贱地位、是非曲直，都必须依据规范的法度来维护。此外，法还具有强制性。法令制度与道德不同，它是用强制性的手段来整饬社会秩序的，威慑暴行，制止纷争，法的主要手段和内容是刑罚与诛杀。法是国君治国的法宝之一，君主正是靠法令与刑法才使那些不法分子不敢随便破坏社会秩序。法的内容一旦确定下来，就具有公开性与公正性，是任何人都必须遵守奉行的，无论君臣，不分贵贱，都要自觉执行。法既然是人们都必须遵守的，因此它必然就有公开性，任何人都必须知法才能做到守法。要想国家走向繁荣富强，就必须保持法的尊严。治国必须采用法律制度，这是不以人的意志为转移的。法的无情正如天地的无情一样，惟其无情才能保证国家与百姓的根本利益，才能使社会走向安定有序、富裕文明。

礼法兼重，德法并举

与儒、道、墨三家不同，法家极力反对以德治天下。商鞅认为，道德教化不仅不能治理天下、富国强兵，反而会导致国家势力的削弱，甚至会导致亡国的危险；韩非子也认为，仁义可以丧国，慈惠将乱政。商鞅公开将儒家所提倡的仁、义、礼、智等道德要求讥讽为"六虱"，认为这些是对国家的六种危害而应该坚决消灭；韩非子也将儒家看作"五蠹"之一，反对德治，提倡法治。商鞅主张"任其力不任其德"；韩非子则主张"不务德而务法"。这些主张在当时都具有极大的进步意义和针对性，起到了巨大的历史推动作用。但从历史的长河中看，这些主张都不免具有一定的片面性。只有《管子》的礼法兼用主张才更适合历史发展的需要。

首先，《管子》从民本思想出发，认为立法行令，必须顺乎民心。《牧民》说："顺民心则威令行。"意思是，立法行令只有合乎民心才能顺乎天意，这种法令也才能畅通无阻。《形势解》说，法制确立，百姓高兴；命令发布，百姓奉行。法令符合民心，就像符节相互吻合，因而君主的尊严就得以实现。所以说百姓奉行命令是君主尊严的体现。君主推行法治，固然带有强制性，但是仅仅靠暴力及强制手段是不行的，只有合乎民心的法律，才能取得令行禁止的效果，从而树立君主的权威。立法行令合乎民心的关键就是以民之好恶为出发点。《形势解》认为，君主所以能做到令行禁止，在于他的命令符合百姓所喜好的，而他的禁止也正符合百姓所厌恶的。百姓的性情无不乐生而恶死，好谋利而惧祸害，因而君主的命令有利于促进百姓的生存、谋利，就能推行；君主禁止的有利于防止百姓的死亡、祸害，就能实现。政令所以能推行，必然是百姓乐于君主的政治。所以君主立法必须考虑人民的承受能力。《法法》说，君主对百姓有三种欲望，三种欲望不加节制，君主的地位就有危险。三种欲望是什么呢？一是求取，二是禁止，三是命令。求取过多，能得到的反而少；禁止过多，能停息的反而少；命令过多，能执行的反而少。所以说上面苛刻，下面就不听；下面不听，就用刑罚来强迫，那么做君主的就要遭到众人的谋算了。君主遭到众人的谋算，想安坐龙椅，是绝对不可能的。如果法令超过了人民的承受能力，虽用严刑重罚，强制推行，也不会使人民顺从，反而会遭到人民的反抗，使统治者处于危险的境地。

其次，法令与礼义道德是相互补充、相辅相成的，二者缺一不可。《管子》虽然十分重视法治的作用，但并不以法、势、刑、罚排斥礼义道德，而是将礼义道德看作可以与法、势、刑、罚互相补充、相互完善的。《权修》说，君主见到合乎政令的就应该及时加以奖赏，见到不合乎政令的就应该及时加以处罚。君主见到的能赏罚分明，那么，即使他见不到的，人们还敢随心所欲吗？如果君主见到合乎政令的不及时奖赏，见到不合乎政令的不及时处罚，那么，要想让他所见不到的被感化，是不可能的。君主多向百姓施惠，百姓就亲近君主；君主说明是非礼义，百姓就能得到教化。君主以身作则进行示范，明确限制加以防范，设置乡师加以引导，然后再用法令进行约束，用奖赏加以勉励，用刑罚加以威慑，这样，百姓都会乐于实行政令。这明显是主张教育与惩罚相结合、恩德与威慑相补充，是典型的礼法兼重、德法并举。《任法》说："群臣不用礼义教训，则不祥，百官服事者离法而治，则不祥。"这显然是说德法不可偏废，而是相辅相成、互相补充的。《法禁》篇说："法制不议，则民不相私；刑杀毋赦，则民不偷于为善；爵禄毋假，则下不乱其上。

三者藏于官则为法，施于国则成俗。"这里"三者"指的是"法制""刑杀""爵禄"，它们皆属于法的范畴。而"民不相私""不偷于为善""下不乱其上"三者属于礼义道德的范畴。它们相互联系，互相补充，二者缺一不可。严于法制，维护法制的权威，坚决按照法制办事，民众就不敢相互营私，这就是所谓"法制不议，则民不相私"。有过必罚，民众就不会为苟且之善，而是一贯为善，这就是所谓"刑杀毋赦，则民不偷于为善"。授爵赐禄与功德相当，臣民就不会反叛君主，这就是"爵禄毋假，则下不乱其上"。这三种因果关系，说明法可以维护与促进道德。"三者藏于官则为法，施于国则成俗"，就是说法的实施可以转化为习俗，但道德、习俗又具有依赖于法的一面。

再次，法制具有依赖于道德的一面，同时道德可以作用于法制。《正世》说建立法制和推行政治措施的过程是：古代想匡正世道治理天下的人，必定先观察国家的政治，清理国家的事务，考察民间的风俗，探求国家安定或者动乱的根源，了解得失的所在，然后才从事治理，因此法度可确立而治理可施行。这显然是将民俗作为建立法制、制定政治措施的参照物之一。这表明《管子》认为道德习俗对立法是有影响的。所以《正世》又说，古代的所谓圣明君主，并非只有一位，他们设置的赏赐有薄有厚，他们确立的禁令有轻有重，做法不必相同，并非故意相反，都是随着时代的发展而变化，根据民间的风俗而变动。可见，他们认为，在法与俗之间，既有法施成俗的情况，也有依俗变法的情况，法与俗相互作用，相互转化，相互依存。

总之，《管子》之所以礼法兼重，德教并举，自然是为了维护其政治统治，使人们的行为有规则约束，服从专制统治。一方面，礼义道德可以用来区别尊卑、贵贱、长幼、上下等各种等级，要人们自觉遵守，不得逾越；另一方面，仅靠人们的自觉是不行的，还必须以法、势、刑、罚来维护君主的专制统治和国家机器的正常运转。因此，"安国在乎尊君，尊君在乎行令，行令在乎严罚"（《重令》）。必须承认，《管子》的这种思想，比儒家、道家和法家等其他诸子的观点更具有合理性、可行性和现实针对性。秦亡后，它逐渐占据了中国法文化的主导地位，便是一个不争的事实。

置法出令，令尊于君

法出乎道，具有至高无上性，但是，法又生于君。那么，法与君之间又是什么关系呢？《管子》认为，君主出法制令，而一旦法令制定，它就凌驾于君主之上，具有至高无上性。

在封建君主专制的社会里，君主的绝对权威地位是不可动摇的，动摇了君主的绝对权威，就等于动摇了封建国家政治稳定的基础。对此，中国封建社会的政治家、思想家们有着共同的认识。但对于法与君之间的关系，儒家主张君主以德治天下，君主应是有德之君，"德"是建立君主权威的第一要素。法家主张应当"法、术、势"相结合，以此作为维护君主权威的有效工具。"势"的学说由慎到提出，其内容便是"尊君"。慎到重"势"的目的就是为了尚"法"，而尚法又必须重"势"，二者相辅相成。他认为君主要想实行法治，就必须掌握能使法令得以贯彻执行的权势。因此君主必须具有至高无上的权威，法就是君，君就等于法。

《管子》也主张"尊君"，但《管子》的"尊君"并不是说君主可以凌驾于法令之上，拥有超越法令制度之上的绝对权威，而是认为，尽管法令为君主所设，律令为君主所颁，但法律一旦颁布，就凌驾于全社会之上，具有绝对尊严，即使君主自己也必须受法的制约。《管子》的尊君并不是主张君主可以任意用权，而是认为"以法治国，则举措而已"。有了法度的规定，就不能用诈伪来行骗；有了权衡的称量，就不能用轻重来相欺，应当一切都有法可循。这种"令尊于君"的"以法治国"，包含着对君权的限制。《重令》篇说，君主治理国家的重要工具没有比法令更重要的了。法令有力量君主就尊严，君主尊严国家就安全；法令没有力量君主就卑微，君主卑微国家就危险。所以要使国家安全，就在于君主要获得尊严；要使君主获得尊严，就在于施行法令；要施行法令，在于严明刑罚。圣明君主认识到治民的根本，没有比法令更重要的了。因此说：减少法令的处死，增添法令的处死，不执行法令的处死，扣押法令的处死，不服从法令的处死，有以上五种情况的处死，绝不赦免，一切皆依从法令。法令受重视，下面就敬畏了。这里虽然强调"令重则君尊"，但"尊君"的目的"在乎行令"，并不是将君主凌驾于法令之上。

虽然"生法者君也"，法由君主制定，但君主立法不仅仅是约束群臣百官和百姓，也要约束君主自己。所以《任法》篇说："夫生法者，君也；守法者，臣也；法于法者，民也。君臣上下贵贱皆从法，此谓为大治。"《管子》一方面肯定法这种特殊的社会规范对全社会有普遍的约束力，同时也指出君主并非完人，用法来"自治""自正"，看到了百姓所痛恨的事情就要用来作为自己的警诫，因此法令制度是使君主成为至德至善之人的重要手段。

不仅如此，《管子》还指出，明君不为亲戚而危害他的国家，因为国家比亲戚更亲近；不为君主的私欲而改变法令，因为法令要比君主更尊严；不因为自己的喜好而改变法令，因为法令比自己的喜好更具有公正性。也就是说，君主不能为某种私欲随意修改法令，使法令失去公正性。法不仅具有至高无上的权威性，同时也具有一定的恒常性，即所谓"法不可以无恒"（《任法》）。既合时宜又切时效的法，不能朝令夕改，只有相对稳定，才能维护其尊严，真正起到规范作用。

此外，君主要带头守法，用自己的行为去影响臣下，起到遵法守法、执行法令的表率作用。因为群臣百姓总是以他们上司的行为为楷模，君主"言辞信，动作庄，衣冠正，则臣下肃。言辞慢，动作亏，衣冠惰，则臣下轻之"（《形势解》）。因此，正人先正己，要群臣百姓守法，君主必须首先守法。如果"为人上者释法而行私"，那么就会"为人臣者援私以为公"（《君臣上》），"上不行，则民不从彼"（《法法》），民不服从，则国家必然大乱。

由此可见，《管子》的"令尊于君"不但是极其重要的法理，而且具有儒家、法家无法比拟的巨大进步意义。即使在今天，也具有借鉴意义。

以法制断，执法必严

《管子》认为法具有至高无上的权威性，因此主张"君

176

臣上下贵贱皆从法"，法律高于一切。无论是君主还是官员，无论是上层还是下层，无论是高贵者还是卑贱者，都必须遵守国家法律，违反了都应该受到法律的制裁。这一观点和商鞅提出的"刑无等级"思想是一致的，但它比商鞅的观点更具有彻底性。

商鞅在《商君书·贵刑》篇中指出，统一刑罚就是执行法律不论等级，从卿相将军直到大夫平民，凡有不服从君主命令、违犯国家法令、破坏法制的，一律判处死刑，绝不赦免。这虽然超越了儒家的"刑不上大夫"的宗法观念，但商鞅的遵行法律却把君主排除在外。《管子》的"君臣上下贵贱皆从法"，将君主也包括在内，主张君主也必须按照法律办事，这显然比商鞅的观点更具有彻底性。

《管子》认为："有功不必赏，有罪不必诛，令焉不必行，禁焉不必止，在上位无以使下，而求民之必用，不可得也。"（《重令》）所以，明君执法必须"如天地之坚，如列星之固，如日月之明，如四时之信，然故令往而民从之"（《任法》）。只有严于执法，才能使臣民奉法唯谨，收到令行禁止的效果。如果有法不依，执法不严，那么"以法治国"就成了一句空话。因此，严明的号令，严厉的刑罚，丰厚的赏赐是君主推行法制的三大法宝。《管子》将这三者称之为君主"三器"（《重令》）。对于违法乱纪的现象，必须严加惩罚，绝不可心慈手软。《法法》说："上赦小过则民多重罪，积之所生也。"小过积累起来便可以酿成大过。犯小过的人如果不受到惩罚，那么犯大过的人就会越来越多。所以《法法》又说："有过不赦，有善不遗，励民之道，于此乎用之矣。"有功必赏，有过必罚，才可以驱使人民遵守法度。

为了做到赏罚分明，《管子》认为执法者必须公正无私，无论亲疏远近贵贱美恶，皆以法治的标准来论断他们。他依法杀人，人不怨恨；他论功行赏，人也不用感恩戴德。一切按照法律来行事，如同天地一样无私（《任法》）。《管子》反复告诫人们"私"字在执法中的危害性："私道行则法度侵"（《七臣七主》），"法度行则国治，私意行则国乱"（《明法解》）。"私"是公正执法的大敌，必须彻底清除。为了防止以私乱法，君主必须以身作则，带头奉法，"君臣上下贵贱皆从法，此谓大治"（《任法》）。因此，"明主虽心之所爱而无功者不赏，虽心之所憎而无罪者弗罚也"（《明法解》）。君主的率先示范作用对于公正执法是尤为重要的。《法法》说，君主不执行法令百姓就不会服从；百姓不服从法制，不肯为法制而死，那么国家就会陷入混乱。因此，有道的君主施行法令，修定制度，总是先于百姓遵守法制，做出榜样。《明法解》也说，圣明的君主在上位，官吏就不敢枉法，不得行私，百姓知道侍奉官吏无益，就不会用财物去向官吏行贿。反之，做君主的抛弃法制而谋取私利，做臣子的就会援引私利而当作公道。表面上推行公道而实质寄托私利，时间长了不被发现，奸邪之心能不累积起来吗？"为人君者，倍道弃法，谓之乱。"（《君臣下》）正因为君主的从法与否直接影响着国家的治乱且具有上行下效的巨大导向作用，因此，《管子》主张君主立法而从法，"置法以自治，立仪以自正"（《法法》）。

其次，《管子》认为各级官吏对于法律的维护与执行起着无可替代的重要作用，因此必须以法治官，严以治吏。官吏的本分就是"奉主之法，行主之令"（《明法解》），奉公守法，廉洁勤政。各级官吏的执法与否同样影响着国家的安危。《明法解》说："有法度之制，故群臣皆出于方正之治而不敢为奸"，"百官之事，案之以法，则奸不生；暴慢之人，诛之以刑，则祸不起"。《正世》说："法立令行，故群臣奉法守职，百官有常。"由此可见以法治官对于官吏奉法守职、廉洁勤政的重要作用。因此对于违法的官员必须严厉处罚，对于那些为政无政绩，致使土地荒废、办案骄横轻惩者"有罪无赦"（《大匡》）。对于"言而无实者，诛；吏而乱官者，诛"（《明法解》）。对于"断狱，情与义易、义与禄易；禄可无敛，有罪无赦"（《大匡》）。对于贯彻法令不力的官吏，杀无赦。对于那些喜财好色、贪权弄势、践踏公法、违法乱纪的官吏要严惩不贷。对于那些私自删减法令的、私自增添法令的、不执行法令的、扣押法令的、不服从法令的，都要坚决处死，决不轻饶。因为他们认识到，如果法令发出，扣押者无罪就是让人不尊重君主；法令发出，不执行者无罪，执行的有罪，就是让人不听从君主；法令发出，而论其是否可行之权在百官，这就是君权下倾；擅自增删法令者无罪，这就是引人走上邪路。如此下去，奸佞诡诈之人便会结党营私，党同伐异；贪利的人们便由此收受贿赂；懦弱之人便逢迎权贵趋奉奸佞；骄矜之人便会沽名钓誉，以成虚名，最终导致权奸误国、败毁社稷的结局。干这些事的人只能是各级官吏，因此必须依法严纠。这样一来，小恶便难以积之而成大患，君主尊严便不会受到损害，法令的严肃性便有了保障。这些对于督促官吏奉公守法具有重要作用。

再次，"用赏者贵诚，用刑者贵必"（《九守》）。赏罚必信，法制权威得以建立，法就能较好地发挥其教育和指引功能。所谓"用刑者贵必"并不是说刑罚可以滥用，而必须坚持"喜无以赏，怒无以杀"的原则，严格按法办事。如果"喜以赏，怒以杀"，那么就会"怨乃起，令乃废"（《版法》）。此外，"凡将举事，令必先出，曰事将为，其赏罚之数，必先明之……"对于那些"有不合于令之所谓者，虽有功利，则谓之专制，罪死不赦"（《立政》）。对于那些违反

180

法律规定的人，即使做出了对君主和国家有益之事和有所贡献，也要处以死罪。

总之，《管子》主张道法统一，认为法具有至高无上的权威性，治国必须以法治制度为准绳，必须严格执法，以法治国，这些和三晋法家思想具有相通之处。但是，与三晋法家不同的是，《管子》道法合流，礼法兼重，德法并举，在强调法律至上的同时强调礼义道德对于法律制度的巨大反作用。认为法为治国之本，但治国的根本目的在于强国富民，立法的根本目的在于以民为本。强调"令尊于君"，君主也必须依法行事。这些都和三晋法家的思想有所区别。它比三晋法家的严刑酷法、刻薄寡恩更具有合理性，因此对后世的法律思想和法律制度产生了更大的影响。

第9章

先秦诸子对管仲的评价

　　管仲以其雄才大略、赫赫功业和不朽的人格魅力，在他所处的那个时代独领风骚。他辅佐齐桓公"九合诸侯，一匡天下"，建立了五霸之首的伟大事业，奠定了他在中国古代贤相中的突出地位。其影响所及遍于当时的整个中华大地，为后人所仰慕。因此后人以及和管仲同时代的人都对他做过品评褒贬。这些评价有助于我们更深入地了解管仲的功业与人格魅力，考察其思想与学说，更为全面地评价他在历史上的作用与地位。这里择其要者叙述如下。

鲍叔的评价

　　管仲长期和鲍叔共事，不仅同朝为官，而且早年一起经

182

商，一起从军，是生死莫逆之交。因此管仲曾说过："生我者父母，知我者鲍子也。"（《史记·管晏列传》）可见鲍叔应该说是管仲的第一知己，他对管仲的评价是比较准确与中肯的。

《管子·大匡》曰："桓公问于鲍叔曰：'将何以定社稷？鲍叔曰：'得管仲与召忽则社稷定矣。'"

《管子·小匡》曰："桓公自莒反于齐，使鲍叔牙为宰。鲍叔辞曰：'臣，君之庸臣也。君有加惠于其臣，使臣不冻饥，则是君之赐也。若必治国家，则非臣之所能也，其唯管夷吾乎！臣之所不如管夷吾者五：宽惠爱民，臣不如也；治国不失秉，臣不如也；忠信可结于诸侯，臣不如也；制礼义可法于四方，臣不如也；介胄执袍，立于军门，使百姓皆加勇，臣不如也。夫管仲，民之父母也；将欲治其子，不可弃其父母。'"《国语·齐语》所载与此基本相同。

《管子·小匡》曰："夷吾事君无二心。"

《史记·齐世家》："鲍叔牙曰：'……君将治齐，即高侯与叔牙足也；君且欲霸王，非管夷吾不可。夷吾所居国国重，不可失也。'"

鲁国施伯的评价

《管子·小匡》说："施伯，鲁之谋臣也。""施伯谓鲁侯曰：'……管仲者，天下之贤人也，大器也。在楚则楚得意于天下，在晋则晋得意于天下，在狄则狄得意于天下。"

《管子·大匡》说："施伯进对鲁君曰：'管仲有急，其事不济，今在鲁，君其致鲁之政焉。若受之则齐可弱也，若不受则杀之。'""夫管仲，天下之大圣也，今彼反齐，天下皆向之……"

管仲同时君子的评价

《左传·僖公十二年》："冬，齐侯使管夷吾平戎于王，使隰朋平戎于晋。王以上卿之礼飨管仲。管仲辞曰：'臣，贱有司也。有天子之二守国、高在，若节春秋来承王命，何以礼焉？陪臣敢辞。'王曰：'舅氏！余嘉乃勋！应乃懿德，谓督不忘。往践乃职，无逆朕命！'管仲受下卿之礼而还。君子曰：'管氏之世祀也宜哉！让不忘其上。《诗》曰：恺悌君子，神所劳矣。'"

晏子的评价

《晏子春秋·谏上》第十二章："（景）公曰：'昔吾先君桓公，以管子为有力，邑狐与谷以共宗庙之鲜，赐其忠臣，则是多忠臣者；子今忠臣也，寡人请赐子州款。'辞曰：'管子有一美，婴不如也；有一恶，婴不忍为也。其宗庙之养鲜也。'终辞而不受。"

孔子的评价

《论语·八佾》："子曰：'管仲之器小哉！'或曰：'管仲俭乎？'曰：'管氏有三归，官事不摄，焉得俭？''然则管仲知礼乎？'曰：'邦君树塞门，管氏亦树塞门。邦君为两君之好，有反坫，管氏亦有反坫。管氏而知礼，孰不知礼？'"

《论语·宪问》："子路曰：'桓公杀公子纠，召忽死之；管仲不死，''曰'未仁乎？'子曰：'桓公九合诸侯，不以兵车，管仲之力也。如其仁！如其仁！'子贡曰：'管仲非仁者与？桓公杀公子纠，不能死，又相之。'子曰：'管仲相桓公霸诸侯，一匡天下，民到于今受其赐。微管仲，吾其披发左衽矣！岂若匹夫匹妇之为谅也，自经于沟渎而莫之知也。'"

《孔子家语》："子路问于孔子曰：'管仲之为人如何？'子曰：'仁也。'子路曰：'昔管子说襄公，公不受，是不辩也；欲立公子纠而不能，是不智也；家残于齐而无忧色，是不慈也；桎梏而居槛车无惭心，是无丑也；事所射之君，是不贞也；召忽死之，管仲不死，是不忠也。'孔子曰：'管仲说襄公，襄公不受，公之暗也；欲立子纠而不能，不遇时也；家残于齐而无忧色，是知权命也；桎梏而无惭心，自裁审也；事所射之君，通于变也；不死子纠，量轻重也。夫子纠未成君，而管仲未成臣，管仲才度义，管仲不死，束缚而立功名，未可非也；召忽虽死，过于取仁，未足多也。'"

孟子的评价

《孟子·公孙丑上》曰："公孙丑曰：'夫子当路于齐，管仲、晏子之功，可复许乎？'孟子曰：'子诚齐人也，知管仲、晏子而已矣。'或问乎曾西曰：'吾子与子路孰贤？'曾西蹴然曰：'吾先子之所畏也。'曰：'然则吾子与管仲孰贤？'曾西艴然不悦，曰：'尔何曾比予于管仲，管仲得君，如彼其专也，行乎国政，如彼其久也，功烈如彼其卑也，尔何曾比予于是。'曰：'管仲，曾西之所不为也，而子谓我愿之乎？'曰：'管仲以其君霸，晏子以其君显，管仲、晏子犹不足为与？'曰：'以齐王，由反手也。'"

《孟子·公孙丑下》曰："天下有达尊三：爵一、齿一、德一。朝廷莫如爵，乡党莫如齿，辅世长民莫如德，恶得有其一，以慢其二哉？故将大有为之君，必有所不召之臣，欲有谋焉，则就之，其尊德乐道，不如是不足与有为也。故汤之于伊尹，学焉而后臣之，故不劳而王；桓公之于管仲，学焉而后臣之，故不劳而霸。今天下地丑德齐，莫能相尚，无他，好臣其所教，而不好臣其所受教。汤之于伊尹，桓公之于管仲，则不敢召，管仲且犹不可召，而况不为管仲者乎？"

荀子的评价

《荀子·王制》曰:"成侯嗣公聚敛计数之君也,未及取民也,子产取民者也,未及为政者也;管仲为政者也,未及修礼者也;故修礼者王,为政者强,取民者安,聚敛者亡。"

《荀子·仲尼》:"於乎! 夫齐桓公有天下之大节焉,夫孰能亡之,倓然见管仲之能足以托国也,是天下之大知也。安忘其怒,出忘其仇,遂立以为仲父,是天下之大决也……"

《荀子·王霸》:"齐桓公……然九合诸侯,一匡天下,为五伯长,是亦无他故焉,知一政于管仲也。"

韩非子的评价

《韩非子·南面》曰:"管仲毋变齐,郭偃毋变晋,则桓文不霸矣。"

《韩非子·难二》:"(管仲)夫一匡天下,九合诸侯,美之大者也。""(齐桓公)得管仲,为五伯长;失管仲,得竖刁,而身死,虫流出,尸不葬。"

《韩非子·难一》霄略说:"管仲以贱为不可以治国,故请高、国之上;以贫为不可以治富,故请三归;以疏为不可以治亲,故处仲父。管仲非贪,以便治也。"

附录

年　谱

管仲生年不详，卒于齐桓公四十一年（前645）。张玉书先生认为管仲生于周桓王十年（前710）前后，活了六十五岁左右。战化军先生认为生于前728年前后，享年八十岁左右，本书从战化军之说。

齐襄公十二年（前686） 管仲奉公子纠奔鲁。

齐桓公元年（前685） 管仲任齐相。

齐桓公二年（前684） 齐鲁长勺之战。

齐桓公五年（前681） 齐鲁柯之盟，管仲劝桓公取信于诸侯。

齐桓公七年（前679） 齐桓公会诸侯于鄄，齐始霸。

齐桓公八年（前678） 诸侯会于幽。

齐桓公十二年（前674） 齐伐戎。

齐桓公十四年（前672） 陈完奔齐。

齐桓公十九年（前667） 诸侯会盟于幽。周天子赐命齐侯。

齐桓公二十年（前666） 齐侯伐卫，败卫师

齐桓公二十二年（前664） 齐伐山戎。

齐桓公二十三年（前663） 管仲令燕修庄公之政。

齐桓公二十四年（前662） 齐桓公为管仲城小谷。

齐桓公二十五年（前661） 管仲说齐桓公救邢。

齐桓公二十六年（前660） 齐国救卫。

齐桓公二十八年（前658） 齐国城楚丘而封卫。

齐桓公三十年（前656） 齐桓公侵蔡伐楚，管仲以苞茅不供责楚。

齐桓公三十一年（前655） 齐会诸侯于首止。

齐桓公三十五年（前651） 诸侯会于葵丘。管仲劝齐桓公拜胙。管仲劝止齐桓公封禅。

齐桓公三十八年（前648） 齐使管仲平戎于王。

齐桓公四十年（前646） 管仲病。管仲病榻论相。

齐桓公四十一年（前645） 管仲卒。

参 考 书 目

赵用贤评点、凌汝亨汇编：明刊本《管子》二十四卷。

《诸子集成》本《管子校正》，中华书局，1958年。

郭沫若、闻一多、许维通：《管子集校》，科学出版社，1956年。

谢浩范、朱迎平：《管子全译》，贵州人民出版社，1996年。

胡家聪：《管子新探》，中国社会科学出版社，1995年。

戴濬：《管子学案》，学林出版社，1994年。

王德敏、刘斌等：《管子十日谈》，安徽文艺出版社，1997年。

巫宝三：《管子经济思想研究》，中国社会科学出版社，1989年。

战化军：《管仲评传》，齐鲁书社，2001年。